DER KARLSGRABEN
FOSSA CAROLINA

Walter E. Keller

DER KARLSGRABEN

FOSSA CAROLINA

1200 Jahre Kanalbau vom Main zur Donau

Verlag Walter E. Keller

Walter E. Keller ist Journalist, Sachbuchautor und Verleger in Treuchtlingen. Er hat zahlreiche Standardwerke über den Naturpark Altmühltal, das Fränkische Seenland und den Kanalbau in Bayern veröffentlicht.

Der vorliegende Titel ist im gleichen Verlag auch in der Reihe Gelbe Taschenbuch-Führer erschienen (Der Karlsgraben, 1200 Jahre 793 – 1993, ISBN 3-924828-54-7, DM 9.80).

Die Deutsche Bibliothek — CIP-Einheitsaufnahme

Keller, Walter E.:

Der Karlsgraben — Fossa Carolina : 1200 Jahre Kanalbau vom Main zur Donau / Walter E. Keller.- Treuchtlingen : Keller, 1993
ISBN 3-924828-55-5

© 1993, Verlag Walter E. Keller, Treuchtlingen
Alle Rechte der Vervielfältigung und Verbreitung einschließlich Film, Funk und Fernsehen sowie der Fotokopie, der elektronischen Speicherung und der auszugsweisen Veröffentlichung vorbehalten
Abbildungsnachweis: Keller Titel, S. 9, 12 (nach Bayer. Landesamt f. Denkmalpflege), 13, 32, 48 (nach Goldmann), 50 (nach Bayer. Landesamt f. Denkmalpflege, Herrmann), 59 (nach Landesamt f. Denkmalpflege/Talsperren-Neubauamt), 70 (nach Rhein-Main-Donau AG), 82, 84; aus Privatbesitz S. 27, 34, 35, 60, 68, 88, 91, 94; Mang S. 7, 72, 77; Höfler S. 43, 46; Burger S. 53, 55, Rücktitel; Talsperren-Neubauamt Nürnberg S. 62, 75; nach Wagner und Koch in: Wanderungen in die Erdgeschichte I, S. 15; Stadtarchiv Würzburg S. 17; nach Eigler S. 29; Bayer. Landesamt f. Denkmalpflege S. 40; Bayer. Landesvermessungsamt S. 58 (Genehm.Nr. 11/75); Stadtarchiv Fürth S. 64

Lithos: e+r Repro GmbH, Donauwörth
Druck: W. Lühker GmbH, Weißenburg
Printed in Germany 1.-2. Tausend

Gedruckt auf Recycling-Papier

Die aufgrund dieses Landtagsbeschlusses gewonnenen Erkenntnisse werden im Jubiläumsjahr 1993 unter Federführung der Obersten Baubehörde im bayerischen Innenministerium in einer großen Ausstellung präsentiert und fünf Monate lang in Graben gezeigt. Im Vorfeld wurden unter anderem mit Kernbohrungen und Geländevermessungen gezielte bautechnische Untersuchungen vorgenommen. Sie sind in Spezial- und Fachpublikationen eingegangen, die das Jubiläumsjahr und die Ausstellung begleiten.

Das neue Material stand aber auch für dieses Buch zur Verfügung. Darin wird eine Zusammenfassung sämtlicher Quellen, Forschungsergebnisse und Thesen zum Thema Karlsgraben versucht. Die vorliegende Veröffentlichung geht weit über die zahlreichen bisherigen Publikationen des Autors zum Thema hinaus. Er hat für Unterlagen und Beratung zu danken dem Bayerischen Geologischen Landesamt, dem Bayerischen Landesamt für Denkmalpflege, dem Haus der Bayerischen Geschichte, der Prähistorischen Staatssammlung, der Regierung von Mittelfranken, dem Talsperren-Neubauamt Nürnberg, dem Bezirks- und dem Kreisheimatpfleger, Wissenschaftlern und Hobby-Karlsgrabenforschern sowie dem Festausschuß Graben.

Die in dieser Art bisher nicht veröffentlichte Zusammenschau bezieht auch die Nachfolgeprojekte von Kaiser Karls Kanalbau mit ein: den Ludwig-Donau-Main-Kanal des vergangenen Jahrhunderts, den Main-Donau-Kanal und die „Überleitung von Altmühl- und Donauwasser in das Regnitz-Main-Gebiet" mit dem „Neuen Fränkischen Seenland" als touristischem Nebenprodukt. Gleichzeitig erschien im Verlag Keller auch ein Taschenbuch „Der Karlsgraben" mit nahezu gleichem Inhalt. In (fast unzulässig) verkürzter Form findet sich die Kerninformation dieses Buchs auf den Schautafeln am Südende des Karlsgrabens. Dieses kleine Freilicht-Infosystem wurde vom Autoren konzipiert, vom Lions-Club Altmühltal in Treuchtlingen mit Hilfe des „Vereins Naturpark Altmühltal" finanziert und zum Auftakt des Jubiläumsfestes in Graben am 25. Juni 1993 übergeben.

Die Fossa Carolina war in Karls europäischem Riesenreich ein Projekt von zweifellos europäischer Dimension. Im Jubiläumsjahr 1993, dem Jahr 1 nach Fertigstellung des Main-Donau-„Europa"-Kanals rückte der in 1200 Jahren zersplitterte „alte Kontinent" politisch wieder näher zusammen. Die Beschäftigung mit dem Karlsgraben und seiner Geschichte läßt auf dem historischen Hintergrund den aktuellen Bezug nicht vermissen.

Der Karlsgraben vom Dorf aus gesehen

Forschungsgeschichte

Nicht nur in der Überlieferung und Theorie, sondern auch in der Natur sind die beachtlichen Reste des frühmittelalterlichen Kanalbaus erhalten. Nordöstlich des gleichnamigen Dorfes ist der Graben noch auf einer Strecke von rund 1300 Metern und einer Breite bis zu 30 Metern sichtbar. Seitlich türmen sich bis zu sechseinhalb Meter hohe Wälle; die Gesamtbreite der Anlage beträgt rund 90 Meter. Die ursprüngliche Grabentiefe von etwa acht Metern hat sich durch die Verlandung in den vergangenen Jahrhunderten auf etwa fünf Meter verringert. Auch die Substanz der Wälle wurde immer wieder angegriffen, durch Sandabbau, durch Materialentnahme für Wegebau und nicht zuletzt im Zuge des Durchbruchs der Eisenbahnstrecke Pleinfeld–Treuchtlingen 1868/69. Die Kanaltrasse läuft etwa 500 Meter nach Nordosten, wendet sich dann scharf nach Osten über die Bahnlinie hinweg und behält bis zur Straße Grönhart–Dettenheim eine Sohlbreite von fast 30 Metern bei. Der nördliche Damm verflacht sich mehr und mehr, während der südliche noch weitaus deutlicher zu erkennen ist. Im Dettenheimer Pfarrbuch aus dem Jahr 1864 findet sich ein Hinweis, daß von den Dämmen drei Viertel noch stehen, der Rest aber vor etwa 70 Jahren, also seit 1790 „rasiert" und zum Verbindungsweg zwischen Dettenheim und Hagenau (nordwestlich von Graben) „aptiert" worden sei. Der Nürnberger Gymnasialprofessor Friedrich Beck nimmt in seiner umfassenden Arbeit „Die Fossa Carolina" (1911) an, daß dabei der nördliche Wall des nach Osten gerichteten Bogens abgetragen wurde.

Eine exakte, maßstabsgetreue Vermessung der Fossa Carolina entstand erstmals im Zug der Landesvermessung des Königreichs Bayern zu Beginn des 19. Jahrhunderts. Alle älteren Pläne und Karten sind stark verzerrt oder Ansichten aus der Vogelschau. Eine Vermessung des archäologischen Geländebefundes wurde 1910 durch den Frankfurter Architekten C. L. Thomas im Auftrag des Generalkonservatoriums der Kunstdenkmale und Altertümer Bayerns aufgenommen. Die damit verbundenen archäologischen Untersuchungen, an denen Beck beteiligt war, ergaben, daß im Bereich der heutigen Straße Grönhart–Dettenheim eine Umbiegung der Grabensohle nach Norden beabsichtigt war.

Bei dieser einzigen wissenschaftlichen Ausgrabung am Karlsgraben wurde 50 Meter südwestlich des Kreuzungspunktes mit der Eisenbahn ein rund 12 Meter langer Sondageschnitt angelegt; er reichte von der Innenseite des südlichen Walls bis fast zur Grabenmitte. Dadurch wurde erstmals nachgewiesen, daß die Grabensohle ursprünglich etwa drei bis 3,50 Meter tiefer lag. Im Herbst 1910 wurden ferner unter der Aufsicht von Beck westlich und südlich des Friedhofs von Graben vier Sondagegruben ausgehoben, um eine eventuelle Fortsetzung der Fossa Carolina in Richtung Altmühl zu überprüfen. Da in etwa zwei Metern Tiefe das Grundwasser einsickerte, mußten die Arbeiten eingestellt werden.

Beck trug alle vorhandenen Quellen zusammen, verband sie mit den Ergebnissen der Ausgrabungen und legte eine erste schlüssige Beweisführung für den Ursprung des Karlsgrabens vor. Er berichtete auch, daß die Grabener Dorfstraße bis zur Kirche früher ein tiefer Hohlweg war, der Mitte des 19. Jahrhunderts aufgefüllt wurde. Das vom Ausfluß des Karlsgraben herkommende Bächlein wurde durch den Ort verrohrt. Auf jeden Fall – das ist damit bewiesen – ist der Karlsgraben zumindest ein Stück in Richtung Altmühl weitergeführt worden. Westlich des Ortes wurden bislang auch durch die Luftbildarchäologie keine Spuren im Gelände entdeckt. Die Altmühl machte früher allerdings einen Bogen in Richtung Graben. Dieser wurde bei der Altmühlregulierung Anfang des 20. Jahrhunderts abgeschnitten. Der Ausfluß des Karlsgrabens strebt – nachdem er am westlichen Ortsende wieder aus der Verrohrung aufgetaucht ist – direkt dieser Altmühlschleife zu, die als Altwasser noch erhalten ist.

Beck nimmt jedoch an, daß der Flurstreifen „Espan", der sich vom westlichen Ortsausgang südlich der Straße nach Bubenheim in Richtung Altmühl hinzieht, die für den Kanal zumindest bereits abgesteckte Trasse darstellt. Das Flurstück ist durchschnittlich 80 Meter breit und entspräche damit den Breitenmaßen des ausgeführten Kanals. Es kommt hinzu, „daß der Weiherabfluß vielleicht in der alten karolingischen Spur der nördlichen Grenzlinie dieses Espans folgt". Bodenuntersuchungen, die Beck ebenfalls 1910 vornahm, brachten keine Hinweise darauf, daß hier im Espan frühere Grabarbeiten erfolgt waren.

1956 nahm das Bayerische Landesamt für Denkmalpflege eine neue Aufmessung vor. Sie war Grundlage einer sorgfältigen topographischen Studie von Klaus

Schwarz (1962) und der Grundsatzveröffentlichungen von Hanns Hubert Hofmann (1965 und 1969).

Im Jahr 1979 erwarb die Stadt Treuchtlingen den Karlsgraben, der als Fischwasser in Privatbesitz war. Mit finanzieller Unterstützung des Vereins „Naturpark Altmühltal" baggerte man im Herbst 1980 den verlandenden Kanallauf aus. Außerdem wurden zwei Spazierwege rund um den Karlsgraben instand gesetzt, markiert und mit Erläuterungstafeln versehen. 1984 wurde schließlich nördlich der Fossa Carolina der Brunnen an der Europäischen Wasserscheide aufgestellt. Er entläßt sein Wasser in zwei Rinnsale, zwischen denen er steht. Der eine der schmalen Bäche fließt dem Karlsgraben und damit Altmühl und Donau zu, der andere der Rezat und somit Main und Rhein entgegen.

Der Wasserscheidebrunnen

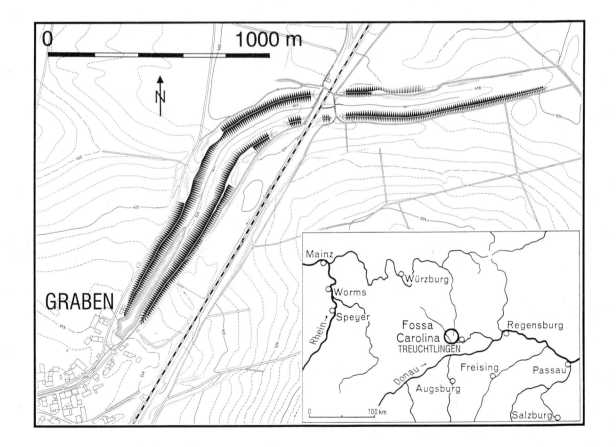

Geländeaufnahme des Karlsgrabens von 1956

Geologische Grundlagen

Die geographische und geologische Situation entsteht zu Beginn der Erdneuzeit. Ursprünglich flossen Obermain und Regnitz als „Ur-Main" nach Süden zur Donau. Vor der Flußumkehr des Ur-Mains zum Rheinsystem verlief die Hauptwasserscheide, die heute nach Süden ausbiegt, geradlinig nach Nordosten.

Die weitere Umgebung von Treuchtlingen wird aufgebaut aus den Schichten des Juras, die vor 200 bis 140 Millionen Jahren als Meeresablagerungen entstehen. Man teilt sie nach ihrer vorherrschenden Farbe ein in Schwarz-, Braun- und Weißjura. Die Weißjura-Kalkplatte der Frankenalb reicht weit nach Norden. Vor mehr als 15 Millionen Jahren wird in einer kräftigen Erosionsphase der Albrand schon fast in seiner heutigen Gestalt geschaffen. Der von Norden kommende Ur-Main sammelt an der „Treuchtlinger Pforte" die Gewässer aus dem meist undurchlässigen Schwarz- und Braujura. Er führt sie in einem tiefen Tal durch die Weißjura-Kalkplatte der Frankenalb in das Aufschüttungsbecken (Molassebecken) vor den sich herausbildenden Alpen. Damit ist die Talwasserscheide am Karlsgraben bereits vorgezeichnet.

Der Einschlag eines gewaltigen Meteoriten vor 15 Millionen Jahren hinterläßt einen bis zu 600 Meter tiefen Krater von 25 Kilometern Durchmesser — das heutige Nördlinger Ries. Die Gesteine aus dem Rieskrater werden auf das Umland geworfen und bedecken auch das Gebiet um Treuchtlingen. Dabei wird das tiefe Ur-Maintal vollkommen zugeschüttet. Es entsteht ein langezogener Stausee, der wahrscheinlich bis über Nürnberg hinaus nach Norden reicht. Allmählich wird der See durch eingespülte Lehme und Sande aufgefüllt. Sie bilden den schwierigen Untergrund der Fossa Carolina. Die höchsten Aufschüttungen reichen bis auf 550 Meter und lassen eine weite Hochfläche entstehen. Vor etwa fünf Millionen Jahren beginnen die Ur-Donau und ein „neuer" Ur-Main, durch Einschneiden in diese Albtafel tiefe Flußbetten herauszubilden, die bis auf die heutigen Talböden herabreichen. Die Schotter des neuen Ur-Mains sind durch schwarze Lydit-Gerölle gekennzeichnet, wie sie nur im Frankenwald vorkommen. Während die Ur-Donau das heutige Wellheimer Trockental und anschließend das Altmühltal (Altmühl-Do-

Geologisches Blockbild der Umgebung von Treuchtlingen

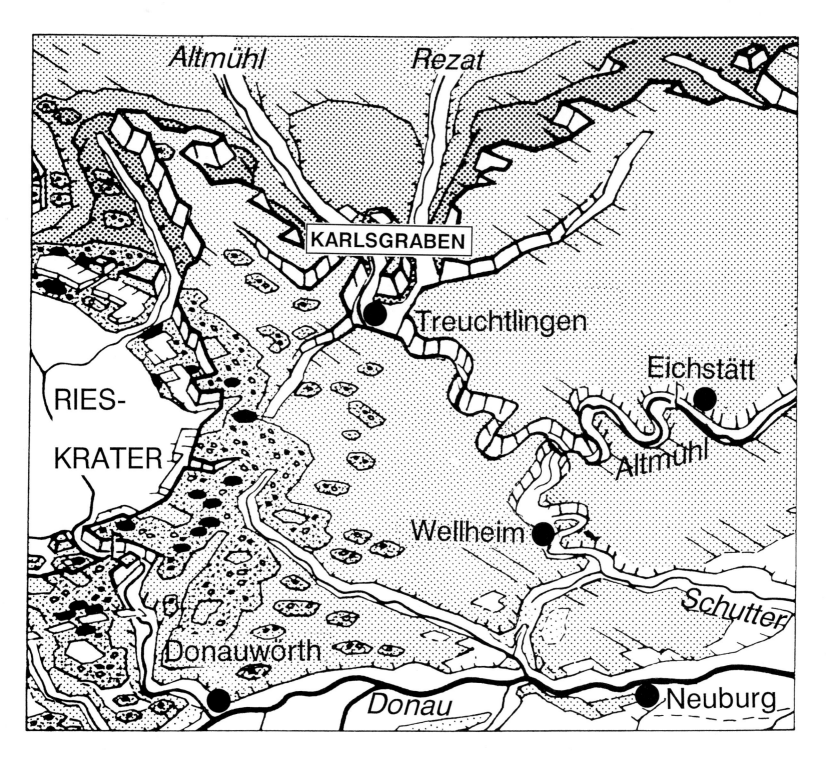

nau) bis Kelheim gräbt, findet der neue Ur-Main sein altes Tal wegen der Zuschüttung durch die Ries-Trümmermassen nicht mehr. Er bildet sich als Nebenfluß der Ur-Donau heraus, in die er bei Dollnstein mündet. Vor etwa 150 000 Jahren verlegt die Donau ihren Lauf vom Altmühltal über das Schuttertal (Schutter-Donau) ins heutige Neuburger Tal (Neuburger Donau). Die Altmühl übernimmt nun ab Dollnstein das für sie viel zu breite Ur-Donautal.

Vor etwa 1,5 Millionen Jahren wird der Ur-Main an das Flußsystem des Rheins angeschlossen, die Ur-Altmühl übernimmt sein Tal von Treuchtlingen bis zur Einmündung in die Altmühl-Donau. Die Schwäbische Rezat benutzt nun das ehemalige Ur-Maintal nach Norden und entwässert in Richtung Main und Rhein. Dies führte zur Entstehung der als flacher Höhenrücken ausgebildeten Wasserscheide bei Graben.

Die altfränkischen Landvermesser hatten wohl tatsächlich den für ihre technischen Möglichkeiten besten Punkt zur Überwindung der Wasserscheide herausgefunden.

Die Kernbohrungen des Jahres 1992 vermittelten auch Aufschlüsse über die Bodenverhältnisse der Kanaltrasse. Die etwa zwei Kilometer lange Strecke läßt sich in drei charakteristische Abschnitte einteilen:

— der Altmühlgrund mit seiner nahezu horizontalen Aue von 410 Metern über NN und den für einen Flachlandfluß typischen Talauffüllungen aus Sanden, Schluffen und Tonen;

— der Bereich der Talwasserscheide mit einer Scheitelhöhe von 420.50 Metern über NN. Hier stehen unter zwei bis fünf Meter Quartär aus meist schluffigen Sanden die tertiären Ablagerungen des früheren Rezat-Altmühl-Sees an, im wesentlichen Tone und Schluffe von fester Konsistenz und geringer Wasserdurchlässigkeit;

— das ab der Straße Dettenheim—Grönhart flach nach Norden abfallende Rezatried mit Wechsellagen aus Torfen und sandigen Schluffen von weicher Konsistenz und hohem Wassergehalt.

Federzeichnung aus der Würzburger Bistumschronik des Lorenz Fries von 1546

Wie künig Carl der Groß vnter-stünde die Donaw vnd den Rein zůsamen zů graben

In dem nechsten jore dornach nemlich 793 vnterstůnd sich künig Carl die bede wasser Rednitz vnd Altmüle zůsamen an einen fluß hůbringen, vnd vernamen nach dem die Altmüle in die donaw fleüst vnd die Rednitz in den Main der further in den Rhein kümpt, daz er ein freie Schiffart, von dem Rhein in die Donaw, vnd widerumb aus der Donaw in den Rhein machen mochte, welches ime zů seinem vorhaben wider die vnglaubigen hynnen, auch sonst anderer ursach halben, vast gelegen vnd nützlich sein würt. ——— Vnd solte demnach zwischen beden ietz gemelten wassern

Schriftliche Quellen

Die frühesten schriftlichen Grundlagen zur Geschichte einer Kanalverbindung in Süddeutschland weisen auf das Jahr 793 hin. Als wichtigste Quelle werden häufig die „Annales Laurissenses" zitiert, den im Kloster Lorsch überlieferten Jahrbüchern — dem „Codex Vindobonensis", der in der Nationalbibliothek Wien aufbewahrt ist. In den Lorscher Annalen sind die bedeutsamsten Ereignisse aufgeschrieben worden. Unter den Historikern ist heute umstritten, ob sie von Einhard, dem berühmten Biographen Karls des Großen, überarbeitet wurden. Nachstehend wird diese in lateinischer Sprache abgefaßte Quelle im Urtext und dann in einer freien Übersetzung wiedergegeben:

Et cum ei persuasum esset a quibusdam, qui id sibi compertum esse dicebant, quod si inter radantiam et alomonam (=alcmonam) fluvius eiusmodi fossa duceretur, quae esset navium capax, posse per commode a danubio in rhenum navigari, quia horum fluviorum alter danubio, (alter) moeno miscetur. Confestim cum omni comitatu suo ad locum venit ac magna hominum multitudine congregata totum autumni tempus in eo opere consumpsit. Ducta est itaque fossa inter praedictos fluvios duum milium passuum longitudine, latitudine trecentorum pedum; sed in cassum. Nam propter iuges pluvias et terram quae p(a)lustris erat, nimio (h)umore naturaliter infectam opus, quod fiebat, consistere non potuit; sed quantum interdiu terrae a fossoribus fuerat egestum, tantum noctibus humo iterum in locum suum relabente subsidebat. In hoc opere occupato, duo valde displicentia de diversis terrarum partibus adlata sunt: unum erat saxonum omnimoda defectio, alterum quod sarraceni septimaniam ingressi proelioque cum illius limitis custodibus atque comitibus conserto multis francorum interfectis victores ad sua regressi sunt. Quibus rebus commotus in franciam reversus est celebravitque natalem domini apud sanctum chilianum iuxta moenum fluvium, pascha vero super eundem fluvium in villa franconovurd, in qua et hiemaverat.

„Als er (der König) überzeugt worden war — von Leuten, die sich für zuständig hielten —, man könne, wenn man zwischen Rednitz und Altmühl einen schiffbaren Graben zöge, bequem von der Donau in den Rhein gelangen, da der eine von den beiden Flüssen doch in die Donau, der andere in den Main münde, begab er sich sogleich mit seinem ganzen Gefolge an Ort und Stelle, warb eine große Zahl von Arbeitern an und verblieb den ganzen Herbst bei diesem Unternehmen. So wurde dann der Graben zwischen den genannten Flüssen in einer Länge von 2000 Schrittspannen (gut 3 km) und einer Breite von 300 Fuß (ca. 100 m) gezogen. Doch vergebens: Wegen anhaltender Regengüsse und der von Natur aus sumpfigen und feuchten Bodenbeschaffenheit konnte das, was geschaffen wurde, keinen Bestand haben. Was die Werksleute tagsüber an Erde aushoben, das fiel des Nachts wieder in sich zusammen, indem das Erdreich an seinen Platz zurückrutschte. Dieweil er (der König) sich mit diesem Werke befaßte, erreichten ihn zwei üble Botschaften aus verschiedenen Teilen des Reiches: einmal von dem völligen Abfall der Sachsen, zum anderen von einem Überfall der Sarazenen, die seine Grenzwachen überfallen, sie in Kämpfe verwickelt und viele Franken getötet hatten und als Sieger heimgezogen waren. Durch diese Nachricht bewogen, kehrte er nach Franken zurück, wo er zu St. Kilian am Main (Würzburg) das Fest der Geburt des Herrn feierte, Ostern am gleichen Fluß im Königshof Frankfurt, wo er auch überwintert hatte."

Dieser ausführliche Bericht der Lorscher Annalen geht zurück auf die gleichsam amtlich geführten Reichsannalen, der einzigen zeitgenössischen Quelle. Sie beschreiben die Schiffahrt Karls des Großen von Regensburg zu diesem Graben zwischen Altmühl und Rednitz und weiter über den Main nach Würzburg. Ausdrücklich erwähnt wird ein längerer Aufenthalt des Hoflagers beim „fossatum", also an der Baustelle:

Rex autumnali tempore de Reganesburg iter navigio faciens usque ad fossatum magnum inter Alcmana et Radantia pervenit, ibique missi apostolici cum magnis muneribus praesentati sunt. Ibi missus nuntiavit Saxones iterum fidem suam fefelisse. Inde per Radantia in Mohin navali iter peragens, natalem Domini celebravit ad sanctum Chilianum in Wirzinburg. Et inmutatus est numerus annorum in 794.

In deutscher Übertragung: „Im Herbst kam der König zu Schiff von Regensburg zu dem großen Graben zwischen Altmühl und Rednitz, und dort fanden sich Gesandte des Papstes mit großen Geschenken ein. Ein Bote meldete hier, die Sachsen hätten wiederum ihr Wort gebrochen. Von hier fuhr er auf der Rednitz zu Schiff in den Main und feierte Weihnachten beim heiligen Kilian in Würzburg. Und die Jahreszahl änderte sich in 794."

& cū ei persuasum esset
a quibusdam quid sibi compertū esse dicebant
quod si inter radantia & alomonā fluuius
eiusmodi fossa duceretur quae esset nauui
capax per commode a danubio in rhenū
naujgari quia horū fluuioru alter danubio
moeno miscetur. Confestim cum omni co
mitatu suo ad locū uenit. ac magna homi
num multitudine congregata totum au
tumni temp̄ in eo opere consumpsit. ducta
est itaq; fossa inter p̄dictos fluuios duū
milium passuum longitudine. latitudine
trecentorū pedum. sed incassum. Nam ppt̄
iuges pluuias & terrā quae plaustris erat
nimio umore naturaliter infecta opus
quod fiebat consistere non potuit. sed quan
tum interdiu terrae a fossoribus fuerat
egestum tantū noctibus humo iterū in lo
cum suum relabente subsidebat. in hoc

Lorscher Annalen,
Bericht über den
Karlsgraben

opere occupato. duo ualde displicentia
de diuersis terrarum partibus adlata sunt.
unum ex[it] saxonum omnimoda defectio.
alterum quod sarraceni septimaniam
ingressi proelio quecu illius limitis
custodibus atq; comitibus conserto mul
tis francorū interfectis uictores adsua re
gressi sunt. Quibus rebus commotus in
franciam reuersus e̅. celebrauitq; natale
d̅n̅i apud s̅c̅m chilianū iuxta moenū
fluuium. pascha uero sup eundem flu
uium inuilla franconouurd. in qua
& hiemauerat. D c c x c i i i i.
Rex propt̅ condemnandam heresim felici
anā aestatis initio quando & generalem
populi sui conuentu habuit concilium
episcopo[rum] ex omnibus regni sui puinciis
in eadem uilla congregauit. Adfuerunt
& iam in eodē sy̅dono & legati s̅c̅ae romane

In ähnlicher Form berichten die Annales Mosellani, eine andere Handschrift der Jahrbücher. Allerdings datieren sie das Ereignis auf das Jahr 792:

Hoc anno isdem Carolus rex in praefata urbe nativitate Domini celebrata totum pene sequente anno ibidem resedit; excepto quod circa tempus autumni ad quendam aquaeductum, quem inter Danuvium fluvium et Radantiam alveum facere caeperat, secessit ibique praefato operi sedulus insistens partem huius anni, que supererat, pene perstetit; praeter quod paucis diebus ante natale Domini ad Sanctum Kilianum praefatum opus imperfectum derelinquens advenit.

In deutscher Übertragung: „Nachdem König Karl in der erwähnten Stadt (Regensburg) das Weihnachtsfest gefeiert hatte, residierte er auch fast das ganze folgende Jahr hier, bis er sich im Herbst zu diesem Aquädukt begab, den er zwischen der Donau und dem Flüßchen Radantia beginnen ließ, und er verbrachte fast den gesamten Rest des Jahres dort. Von hier aus begab er sich wenige Tage vor Weihnachten nach Sankt Kilian und ließ das angefangene Werk unvollendet zurück."

Die Geschichtsschreibung beschäftigte sich die Jahrhunderte hindurch mit der Fossa Carolina. In zahlreichen Chroniken finden sich Berichte über das große Unternehmen. Sie schöpfen alle aus den Reichsannalen und werden immer detailreicher, je weiter der jeweilige Chronist vom Zeitalter Karls entfernt ist.

Hundert Jahre nach dem Ereignis weiß der Poeta Saxo schon zu berichten, daß der Kaiser viele tausend Arbeiter anwerben ließ. Im 12. Jahrhundert überliefert der Verfasser des Auctuarium Annalium Salisburgensium (Salzburger Annalen) sogar, wer am Kanal gegraben hat: Awaren, Franken und Schwaben. In einem Kommentar zu den Reichsannalen bestimmte der Mönch Ekkekard von Altaich um das Jahr 1140 erstmals die Gegend des Kanalbaus näher. Er nannte dabei die Orte Graben, Bubenheim und Weißenburg. In Anlehnung an die Lorscher Annalen berichteten 1278 der Mönch Chuno von Wülzburg und um 1500 die Nürnberger Humanisten Willibald Pirckheimer und Conrad Celtis über den Karlsgraben. Sebastian Münster erwähnt in einer Übersetzung der Reichsannalen 1544 den Kanalbau Karls und fügt den nicht gerade schmeichelhaften Kommentar hinzu: „Man sieht noch bei Weißenburg die alten Fußtritte der unnützen Arbeit." Ebenso kommt der bayerische Chronist Johannes Thurmair aus Abensberg — Aventin

vallis karoli magni qua intendebat fieri de flumine Altmona usq; in Moenum flumen. inchoauit a₉ villa que dicitur Pubnham. ⁊ sic ad villa que dicitur Graben. ⁊ sic uersus weizenburch.

Kommentar zu den Reichsannalen von Ekkehard von Altaich

genannt — 1566 in seinem „Annalium Boicarum Libri VII" auf den Karlsgraben zu sprechen.

Hier wörtlich der Bericht aus dem 13. Jahrhundert des Mönches Chuno, wohl zugleich Abt des Klosters Wülzburg über Weißenburg. Es handelt sich dabei um eine zeitgenössische Fassung der Reichsannalen; bemerkenswert ist die Nennung der Namen Weißenburg und Graben:

„Nachmals mit der Zeit Carolus mit der That und Namen der gross unüberwindlichest König Inn Frankreich und Römischer Kaiser, des vorgemelden Pippini Son, welches Tugenten und grossmechtige Tatten sovil, die nit leicht ein Buch begreiffen mögen, der umb ettlicher Ursach willen von Regenspurc gehen Weissenburg am Norkaw (=Nordgau) In das Kaiserlich Schloss kommen, und den Krieg mit den Ungarn angenommen, Iss Ime von ettlichen geratten, man möge woll von der Donauen In Rhein schiffen, so zwischen der Rednitz und Altmühl ein Grab der Schiffe begreiffen möge, gefurt, und also dass sich der Rein mit der Donawe, der ander mit dem Rein sich vermengte.

Alsbaldt der König mit allen seinen verwanten an das Ort, dem Werk gelegen (jetz Graben genannt), kamen und eine grosse Menge Volkes denn ganzen Herbst mit dem Werkh zubracht aber vergebens, Wann von wegen stetter Fluss und des Erderichs welche von Natur sumpfig, das getan Werekh nit bessern moegen, dann je mehr Erdrichs die Graber am Tag auswurfen, Sovil des Nachts wider einfiel, die Statt erfüllend... und dies umb das Jahr des Herrn 792."

Der fränkische Chronist Lorenz Fries fügte seiner 1546 entstandenen Geschichte der Bischöfe von Würzburg sogar eine naive Zeichnung bei. Sie zeigt, wie vier Männer in der Tracht um 1500 zwischen zwei Flüssen mit Spitzhacke und Schaufel einen Graben ausheben (siehe Abbildung S. 27). Der Beginn des Textes lautet: „In dem nechsten Jore dornach, nemlich 793, unterstund sich Künig Carl, die bede Wasser Rednitz und Altmule zusammen an ainen Flus zu bringen, und vermainet, nach dem die Altmule in die Donaw fleust und die Rednitz in den Main, der further in den Rhein kombt, das er eine freie Schiffahrt, von dem Rhein in die Donaw, und hinwiederumb aus der Donaw in den Rhein machen mechte, welches im zu seinem Vorhaben wider die unglaubigen Hunnen, auch sonst anderer Ursach halben vast gelegen und dinstlich sein wurt. Und stelt demnach zwischen beden gemelten Wasseren, die Altmul und Rednitz, ein grossen Hauffen Arbaiter an, und liesse ein Groben aufwerffen, zwai tausent Schrite lang, und dreyhundert Schue brait, dardurch obgedachte bede Wassere die Altmule und Rednitz zusammen kommen solten."

1593 kannte der Historiker Lindenbruch dann schon die genaue Zahl der Arbeiter: 30 000 waren es. Auch die Kenntnis, warum das Projekt scheiterte, wurde von Jahrhundert zu Jahrhundert genauer. War in den Reichsannalen noch der Regen schuld, wußte der Verfasser der schon zitierten Salzburger Annalen zu berichten, daß nachts Geisterstimmen zu hören waren, die die Arbeiter vergraulten. Und der erwähnte Aventin macht Lebensmittelmangel für die Einstellung der Arbeiten verantwortlich.

J. A. Doederlein, Rektor des Lyceums in Weißenburg, vermittelte in seiner Schrift „De Fossa Carolina" (1705) zum erstenmal eine genauere Beschreibung der Örtlichkeiten. Auch die Frage der Wasserversorgung beschäftigte ihn, und er meinte, die Rezat sei an jener Stelle zu wasserarm, und auch die Altmühl sei nicht zur Aufnahme von Schiffen geeignet. Er glaubte, daß beide Flüsse seit Karls Zeiten in ihrem Wasserstand zurückgegangen seien. Den der Rezat hätten außerdem die vielen Mühlen an ihren Ufern herabgemindert.

Andere Chronisten versicherten, daß der Kanal vollendet und von Karl auch benutzt wurde: *Dom(i)nus Carolus rex per fossatum Alchmonae fluminis perrexit.* Zu deutsch: „Der Herr König Karl fuhr durch den Graben des Altmühlflusses." So heißt es zum Beispiel in den Annales Maximiniani. J. A. Buchner berichtete sogar: „Der Kaiser genoß das Vergnügen einer Schiffahrt bis zum Dorf Gstadt auf der Altmühl, von Gstadt bis Weißenburg auf dem Kanal, von Weißenburg bis Georgensgmünd auf der Rezat" (Reisen auf der Teufelsmauer, 1821).

Karl der Große

Laut den historischen Quellen erscheint es wohl unbestreitbar, daß König Karl, den die Nachwelt „den Großen" nannte, mit seinem Gefolge im Herbst des Jahres 793 in der Gegend von Weißenburg und Treuchtlingen residierte, um die Kanalbauarbeiten zu verfolgen. Ob sich der Vielgereiste zeitweise im Königshof Weißenburg aufhielt oder ständig in seinem Lager auf der „Großbaustelle" weilte, blieb bisher ungeklärt.

Wie der Historiker und Geograph Fritz Eigler nachwies, spielte das Gebiet zwischen Weißenburg und Eichstätt in der Reichspolitik Karls des Großen eine bedeutende Rolle. Nach dem Sturz des Bayernherzogs Tassilo III. im Jahr 788 und der damit erfolgten Einverleibung Bayerns ins Frankenreich begann eine Raumordnung durch die Anlage neuer Dörfer. Vom fränkischen Königshof Weißenburg über den fränkischen Bistumsort Eichstätt bis zum ehemaligen bayerischen Herzogshof Tassilos in Neuburg an der Donau wurde ein Halbkreis von wehrhaften Siedlungen gezogen. Damit sollte der Anschluß Bayerns an das Reich Karls des Großen gesichert werden. Den Beauftragten Karls an seinem Königshof in Weißenburg kam die Aufgabe zu, diese Vorgabe fränkischer Reichspolitik in die Tat umzusetzen.

Dem nämlichen Ziel sollte teilweise auch die Fossa Carolina dienen. Der durchgehende Schiffahrtsweg von Frankfurt nach Regensburg wäre nicht nur für den Nachschub bei den Awarenfeldzügen wichtig gewesen, sondern hätte Bayern auch stärker an Franken gebunden. Für die Versorgung der Tausende von Bauarbeitern konnte man unter anderem auf die Bauern im Ries und die neuen Dörfer der fränkischen Staatskolonisation zurückgreifen.

Karl der Große blieb der Nachwelt als Herrscher in Erinnerung, der die Tradition des Römischen Reiches erneuerte. Auf ihn beriefen sich die deutschen Kaiser und Könige. Er herrschte über den größten Teil Westeuropas: von den Pyrenäen bis nach Mitteldeutschland, von der dänischen Grenze bis nach Süditalien. Karl sicherte das Reich nach außen durch die Unterwerfung von Sachsen und Awaren, durch die Einrichtung von Grenzmarken gegen die heidnischen Dänen und das isla-

Die berühmte Reiterstatuette Karls des Großen (im Römisch-Germanischen Museum Mainz)

mische Spanien. Im Inneren förderte er Kultur, Wirtschaft und Rechtswesen. Dank seiner Initiative war die Zeit der Karolinger die erste große Blütezeit des Abendlandes. Die Nachwelt feierte den mächtigsten Mann der damaligen westlichen Welt als „universalsten und schöpferischsten Geist des Mittelalters" — oder verteufelte ihn.

Karl der Große legte in seinem europäischen Riesenreich in den Jahren zwischen 761 und 814 nach den allein von Einhard bezeugten Reisen eine Strecke von rund dem doppelten Erdumfang zurück. Dabei benutzte er — wie die Quellen bezeugen — zum großen Teil die Wasserwege. Zu jener Zeit wurden Kähne mit einer Tragfähigkeit von etwa einer Tonne verwendet.

Der König und Kaiser war ja nicht allein unterwegs, sondern hatte Hofstaat und Stab dabei, wenn er von Pfalz zu Pfalz eilte. Auch die Beamten und Heerführer hatten oft auf Dienstreise zu gehen. Und schließlich mußten Lebensmittel und Kriegsgerät verfrachtet werden. Es bedarf keiner großen Phantasie, um sich den regen Verkehr zwischen dem Rhein-Main-Gebiet und dem Donauraum vorstellen zu können. Der Wunsch nach einer durchgehenden Wasserstraße war daher sehr naheliegend.

Karl, damals noch König, kannte die Situation aus eigenem Erleben von seinen Reisen 788 und 791 nach Regensburg und zurück. Bei diesen Gelegenheiten mag der Plan für einen Kanalbau entstanden sein.

Hinter dem Bau des Karlsgrabens stehen also nicht nur machtpolitische und militärstrategische Überlegungen. Etliche Historiker glauben, Karl habe den Kanal allein deswegen bauen lassen, um sein Heer schnell in den bedrohten Südosten seines Reiches bringen zu können. In anderen Veröffentlichungen wird spekuliert, ob nicht im Jahr 793 Getreide aus dem Donauraum nach Frankreich transportiert werden sollte, wo in diesem Jahr eine Hungersnot herrschte.

Der Regensburger Heinrich Brüschwien hat in seiner Dissertation von 1928 die historische Quellenlage des Kanalbaus untersucht. Er kommt dabei zu dem Schluß, Karl brauchte einfach eine schnelle Verbindung zwischen den einzelnen Gebieten seines Riesenreiches. Da er sich bei seinen Reisen vorwiegend der Schiffe bediente, habe er wohl nicht nur aus aktuellem Anlaß nach einer günstigen Verbindung des Rhein- und des Donau-Gebiets forschen lassen.

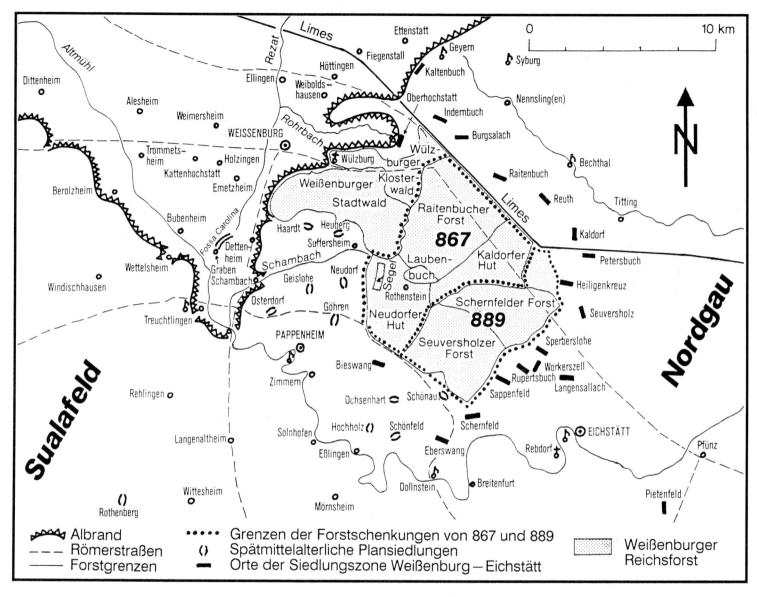

Karte der karolingischen Raumordnungspolitik zwischen Weißenburg und Eichstätt

In der Regensburger Chronik von Carl Theodor Gemeiner aus dem Jahr 1800 wird berichtet, Karl der Große habe „vornehmlich wegen der Verbindung zwischen Main und Donau so lange seine Residenz in Regensburg aufgeschlagen". Auch das spricht dafür, daß der Plan für diese Kanalverbindung schon 792 oder früher bestanden hat. Die Wahrscheinlichkeit ist groß, daß zumindest 792 auch schon daran gearbeitet wurde. Gemeiner schreibt, daß der König bei seinem Feldzug 791 gegen die Awaren sein Heer in drei Säulen nach Osten schickte; die mittlere sei auf Schiffen dem Feind entgegengefahren.

Christian Gottlieb Gumpelzhaimer erwähnt in seinem dreibändigen Geschichtswerk aus den Jahren 1830 bis 1838, daß Karl 792 in Regensburg auch die erste Schiffsbrücke errichten ließ. Bis dato war es nur möglich, mit Fähren die Donau zu überqueren. Die Schiffsbrücke sei so konstruiert gewesen, daß man sie für das Passieren von Kähnen oder zum Ablaufen des Eises öffnen konnte.

Diese Veröffentlichung von Chronisten aus der Neuzeit belegen ein offensichtlich sehr großes Interesse des Königs und späteren Kaisers an der Schiffahrt. (Siehe dazu auch das Kapitel „Frühe Schiffahrt")

Auch in der Volkssage leben Karl und sein Graben weiter. So soll der Herrscher von der Höhe des Patrichberges südöstlich von Wettelsheim den Fortgang der Arbeiten verfolgt haben. Die Alten wußten einen mächtigen, viereckig zubehauenen Block zu zeigen, den „Karlsstein", von dem aus der König einen freien Überblick über seine Großbaustelle haben konnte. Im benachbarten Emetzheim soll Karl einen heiligen Eichenhain mitsamt einem Götzenbild der damals noch heidnischen Bewohner zerstört haben.

Viele Theorien

Um den Bau des Karlsgrabens weiter historisch einordnen zu können, ist es notwendig, die politische Situation des Jahres 793 kurz zu beschreiben. Die folgende weitverbreitete Darstellung stützt sich auf die Erkenntnisse des Landeshistorikers Hanns Hubert Hofmann in seiner heute umstrittenen Schrift „Kaiser Karls Kanalbau" (1969) sowie auf einen Vortrag des Nürnberger Historikers Walter Lehnert (1982).

König Karl hatte sich schon seit 792 in Regensburg aufgehalten. Er rüstete sich dort zu einem Feldzug gegen die Awaren, als Anfang 793 diese Pläne durchkreuzt wurden. Sein Feldherr Graf Theoderich hatte an der Wesermündung eine Niederlage im Krieg gegen die Sachsen erlitten.

Karl hatte ein einsatzfähiges Heer und die dazugehörige Flotte zwar zur Verfügung, nur schwamm diese jetzt im falschen Stromsystem. Zweifellos war es das Nahziel beim Bau des Karlsgrabens, möglichst schnell mit den Flußschiffen über die Weser nach Norden gegen die Sachsen ziehen zu können. Dabei muß man an die Kähne denken, die die Tragfähigkeit von einer Tonne Last kaum oder nur unwesentlich überschritten haben. Neben den rein militärischen Zwecken des Grabenbaus hält Hanns Hubert Hofmann allerdings auch ein friedliches Ziel für möglich. Die Mißernten des Jahres 793 hatten – wie schon gesagt – zu einer Hungersnot in Frankreich geführt, die man vielleicht durch eine Getreidelieferung aus Altbayern und dem Donauraum hätte lindern können.

Im Spätsommer 793 verließ Karl Regensburg, um sich mit Flotte und Heer donau- und altmühlaufwärts an jenen Ort im Sualafeldgau zu begeben, den seine Ingenieure zur Überwindung der Wasserscheide markiert hatten. In der Gegend schlug er sein Hoflager auf. Hier ließ er mit großem Menscheneinsatz arbeiten. Hofmann errechnete die Zahl von 6000 Schanzarbeitern, die vom Herbstanfang bis Mitte Dezember den Graben aushoben. Darüber hinaus mußten Waldungen gerodet, Baumaterialien zugerichtet, Wege angelegt und Versorgungsgüter zugeführt werden. Hofmann schätzte deshalb, daß sich im Herbst 793 rund 7000 bis 7500 Menschen beim Karlsgraben aufgehalten haben müssen. Er rechnet hoch, daß sie

täglich 14400 Pfund Brot, 7000 Pfund Fleisch und 100 Hektoliter Bier verbraucht hätten. Rund 15 000 Tonnen Versorgungsgut waren also für diese Kanalarbeiter notwendig und mußten aus dem Frankenreich über mehr oder minder große Entfernungen herbeigeschafft werden.

Erschwerend für die Transporte zu Wasser und zu Land war, daß sie „bei anhaltenden Regengüssen" ausgeführt werden mußten. Neben den geologischen Schwierigkeiten waren es wohl auch logistische, also solche der Versorgung, die das Projekt schließlich scheitern ließen. Möglicherweise hat der Kanalbau die Leistungsfähigkeit der fränkischen Mainlande derart geschwächt, daß sie das Hoflager König Karls in Würzburg nicht einmal mehr angemessen unterhalten konnten. Das würde auch erklären, warum Karl sofort nach Weihnachten, also mitten im unbequemen Winter, per Schiff nach Frankfurt weiterreiste. Dort hatte er es dann nicht mehr eilig, denn er brach erst im folgenden Spätsommer gegen die Sachsen auf.

Auch die späteren Anrainer des Karlsgrabens sahen im mangelnden Nachschub einen Grund für das Scheitern des Vorhabens. So schreibt der schon erwähnte Weißenburger Lyceumsrektor Johann Alexander Doederlein Anfang des 18. Jahrhunderts: „Die Einwohner des Dorfes Graben sind überzeugt, daß der Mangel an Lebensmitteln für eine solche Menge an Menschen und Zugtieren zum Abbruch der Arbeit gezwungen hat." Überliefert ist die hohe Zahl von Arbeitskräften allerdings nicht, sondern von Hofmann nur aufgrund der Erdbewegungen errechnet. Solche Bedarfsrechnungen, die in beliebiger Höhe aufgemacht werden können, sind hinfällig, wenn das Projekt bei der Ankunft Karls des Großen bereits im Bau war und möglicherweise schon im Jahr 792 begonnen wurde. Darauf könnte ein Eintrag in den Annales Mosellani hindeuten (siehe S. 22).

Der Karlsgraben am nördlichen Ende der Wasserfläche

Wie aus den Lorscher Annalen hervorgeht, bereitete nicht nur der unzureichende Nachschub, sondern auch die ungünstige Geologie dem Vorhaben ein vorzeitiges Ende. Der Einschnitt in den in der Natur kaum zu erkennenden Geländesattel erwies sich schwieriger als angenommen. Die oberen feinkörnigen Sande lagen auf mächtigen Schichten von Opalinuston. Sie sammelten sowohl das Grundwasser wie auch die anhaltenden Regengüsse, von denen die Geschichtsquelle weiß. Das mit viel Mühe tagsüber ausgehobene Kanalbett wurde daher nachts immer wieder verschüttet. Immerhin hat die dendrochronologische Forschung (Un-

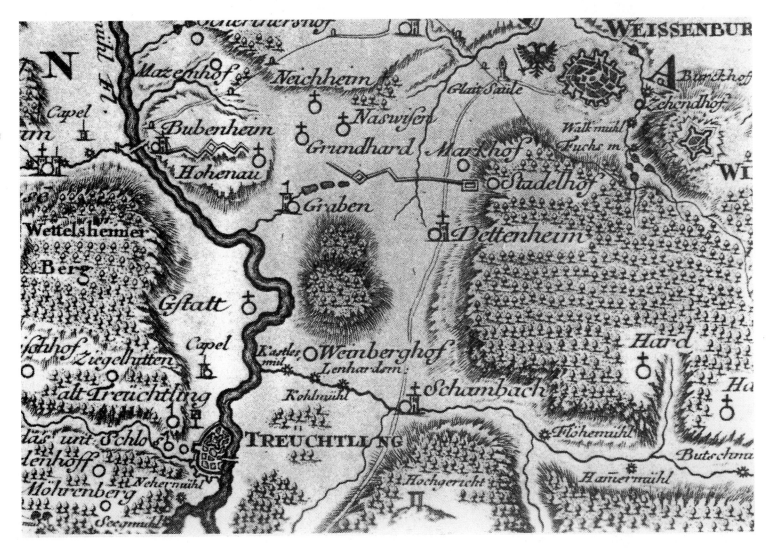

Karte von J. G. Vetter mit den drei Weihern (1719)

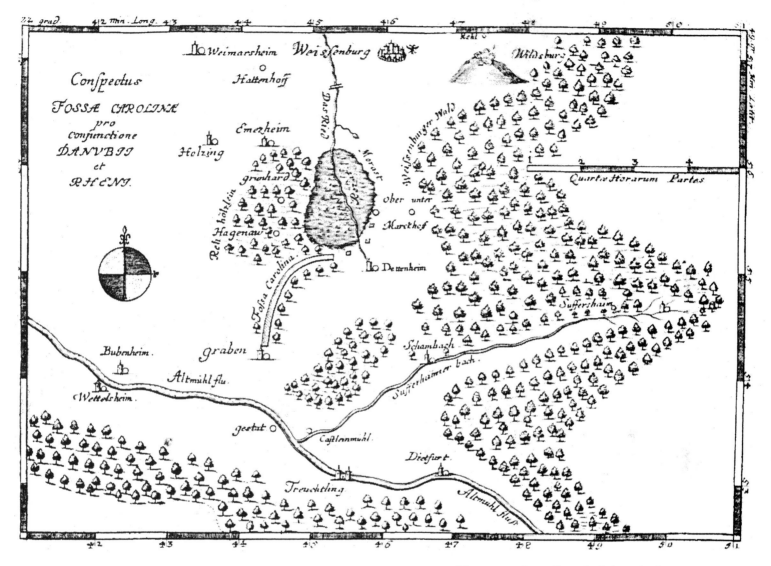

Karte von J. A. Doederlein mit dem See (1729)

tersuchung der Jahresringe von Holz) nachgewiesen, daß das Jahr 793 eines der regenreichsten im letzten Viertel des 8. Jahrhunderts gewesen ist.

Es waren also wohl Schwierigkeiten in der Technik, in der Logistik und in der Politik, die dazu führten, daß dieses kühne Unterfangen schon nach wenigen Wochen eingestellt wurde. Zwei Haupttheorien über die Verwirklichung stehen sich gegenüber: Die fränkischen Ingenieure wollten einen auf dem Niveau des Wasserspiegels der Altmühl gelegenen Kanal an die Rezat heranführen, so daß die Schiffe ungehindert hätten durchfahren können. Selbstverständlich hätte für dieses Kanalprojekt auch die Rezat ausgebaut werden müssen. Dafür wären gewaltige Erdbewegungen notwendig gewesen, die mit der damaligen Tiefbautechnik im sumpfigen Rezatried kaum hätten bewältigt werden können. Eine andere These der Historiker spricht dafür, daß die Übersetzung der Ein-Tonnen-Schiffe des frühen Mittelalters mit Hilfe einer dem Gelände angepaßten, auf- und absteigenden Weiherkette erfolgen sollte. Die Schiffe hätten über mehrere Wälle gezogen werden müssen. Technisch hätte man das wohl mit Hilfe von Winden und Rutschen bewerkstelligt. Eine Kammerschleuse ist für die damalige Zeit noch nicht denkbar; das erste derartige Wasserhebewerk wird im 13. Jahrhundert in Italien erwähnt.

Im südlichen, tieferen Teil der Trasse des Karlsgrabens staut sich noch heute ein Weiher. In zwei Karten von 1704 und 1719 sind drei hintereinander liegende Weiher mit Abfluß zur Altmühl im Verlauf des Karlsgrabens eingezeichnet. Sie könnten hinter ehemaligen karolingischen Stauwehren entstanden sein. Nun lag der Grundwasserspiegel in der damaligen Zeit wohl ohnehin erheblich höher als heute; durch Verkarstung und Brunnenbohrungen wurde er im Lauf der Jahrhunderte abgesenkt.

Im späten Mittelalter taucht südlich von Weißenburg wiederholt die Flurbezeichnung „Der See" auf. Möglicherweise ist es ein Hinweis auf jenen langsam austrocknenden See, der vor Millionen von Jahren bei der Blockierung der Ur-Rezat beziehungsweise des Ur-Mains entstand. Karten verzeichnen zu Beginn des 18. Jahrhunderts nordöstlich des Karlsgrabens einen großen Morast.

Wie auch immer die Techniker Karls des Großen den Kanalbau bewerkstelligen wollten, auf jeden Fall ist ihnen Hochachtung zu zollen, mußten doch damals die Höhenmessungen mühsam über Kilometer mit Schlauchwasserwaagen aus Tierdärmen durchgeführt werden. Immerhin, das Gebiet zwischen den heutigen

Städten Weißenburg und Treuchtlingen könnte für Wochen im Herbst 793 Mittelpunkt eines Weltreiches gewesen sein.

Es wurde auch spekuliert, daß die künstliche, wenn auch unvollendete Wasserstraße von der Flußbootflotte des Königs benützt wurde, und zwar nicht nur vom Schiffspark des Hofes, sondern auch von Kriegsbooten und Pionierbrückengerät. Jedenfalls verließ der Frankenkönig — laut historischer Überlieferung — mit seiner ursprünglich gegen die Awaren gerichtete Flottille im Spätsommer 793 Regensburg; im Frühjahr 794 befand sich die Flußmarine in Frankfurt.

Die Geschichtsforscher stellen sich nun die Frage, ob der Karlsgraben nur einmalig dazu dienen sollte, die Kriegsflotte des Königs über die Wasserscheide hinweg in die nördlichen Lande zu bringen. Sie schließen nicht aus, daß man die Fossa trotz ihres unvollendeten Bauzustands auch später noch verwendete. Es gab in den folgenden Jahren auch im Südosten wieder Händel mit den Awaren und den Böhmen. Eine Ost-West-Wasserstraße wäre für den Militärverkehr also durchaus sinnreich gewesen.

Historische Spekulationen mögen in dieser Frage weiterhelfen. Der heutige Treuchtlinger Ortsteil Graben wurde als „Groba" erstmals 867 urkundlich erwähnt. Schon der Name deutet darauf hin, daß die Siedlung im Zuge des Kanalbaus entstanden war. Es ist nicht ausgeschlossen, daß dieses einige Generationen nach der Baueinstellung des Karlsgrabens bezeugte Dorf königsfreier Wehrbauern eine wichtige Funktion am Kanal hatte. Möglicherweise war den Grabenern das Übersetzen von Schiffen auf einer Schleif- und Hebestrecke sowie die Kontrolle über die kombinierte Land- und Wasserstraße übertragen. Und sie dürften ihr gutes Auskommen damit gefunden haben.

Waren es die Römer?

Während von vielen vor- und frühgeschichtlichen Bodendenkmälern nur archäologische Befunde und keine historischen Überlieferungen vorhanden sind, ist es beim Karlsgraben gerade umgekehrt. Die wissenschaftliche archäologische Forschung hat lange Zeit das großartige Bodendenkmal Karlsgraben wenig beachtet und sich allein auf die historischen Quellen gestützt.

Noch um die Jahrhundertwende wurde angezweifelt, daß es sich beim Karlsgraben um einen frühmittelalterlichen Kanalbau(versuch) handelt. Die Fossa Carolina wurde ins Reich der Fabel verwiesen. Die Dämme wurden als Verteidigungsschanzen gegen die Einfälle östlicher Völker angesehen. Nach einer anderen These diente der Karlsgraben dazu, die für die römischen Kastelle in Weißenburg zu liefernden Pferde an das Durchschwimmen von Flüssen zu gewöhnen. Der Karlsgraben — eine römische Pferdeschwemme also? In seinem kleinen Schriftchen „Die Mönchsfabel von der Fossa Carolina" schreibt Emanuel Seyler 1905:

„Die Tiere weideten im Tale der schwäbischen Rezat und wurden dann allmählich gegen den oberen Grabenzugang zusammengetrieben, was sie sich wegen der unbedeutenden Höhe und der großen Breite der Dämme ruhig gefallen ließen; sodann bildeten die Viehhüter auf den Dämmen zwei parallele Reihen, die verhüten mußten, daß vereinzelte Tiere gegen die Böschung ausbrachen, während andere Viehhüter die Pferde nach vorwärts trieben. Diese Arbeit vollzog sich kaum unter wesentlicher Störung; solche trat wohl erst dann ein, wenn die Viehherde von dem oberen nach Westen gerichteten Grabenabschnitt aus in den südlichen einbog und hier den Weiher zu sehen bekam; aber diesen Teil schlossen die mächtigen Dämme ein, auf denen wiederum die Viehhüter den Pferden das Ausbrechen wehrten; so blieb diesen nur der Ausweg, durch den Weiher zu schwimmen, an dessen Südseite zwischen den geöffneten Dämmen hindurch die Freiheit winkte, eine ebenso sinnreiche wie einfache Methode, die jungen Tiere mit den Gewässern vertraut zu machen, welche Eigenschaft die römische Grenzreiterei von ihren Pferden unbedingt verlangen mußte."

Wegen der bislang fehlenden systematischen archäologischen Untersuchungsergebnisse möchte ein Karlsgrabenforscher auch neuerlich nicht ausschließen, daß schon die Römer bei der Fossa die Finger im Spiel gehabt haben könnten. Die Römer – so der Kunsthistoriker Wolf D. Pecher aus München in seiner 1993 erschienenen Studie „Der Karlsgraben – Wer grub ihn wirklich?" – hatten ebenso wie Karl ein lebhaftes Interesse an einer Verbesserung der Verkehrswege zwischen Rhein und Donau. Dafür sprächen vor allem strategische Gründe, „denn viele Male wurden Truppen vom Rhein nach Südosteuropa, sogar nach Kleinasien beordert, und auch umgekehrt aus diesen Provinzen wieder nach Germanien".

Den römischen Ingenieuren traut Pecher größere Fähigkeiten und bessere Technologien der Wasserbaukunst zu als dem frühen Mittelalter. Immerhin bauten die Römer einen Kanal vom Rhein zur Zuidersee (Fossa Drusiana), sie schütteten in Sumpfgebieten lange Wälle als Straßen auf, sie nutzten die Flüsse als Transportwege für Truppen und Güter. Eine Wasserverbindung zwischen Main und Donau wäre ihnen sicherlich sehr willkommen gewesen – besonders als sie ihre Donaugrenze nach Norden vorschoben.

Pecher weist darauf hin, daß die Wälle bis an ihr Ende eine Höhe von 430 Metern über NN halten. Niemand hätte diese hohen Wälle aufgeschüttet, wenn es nicht genau auf diese Höhe angekommen wäre. Es wurde sogar mehr Erdreich aufgeschüttet, als aus der Kanalrinne stammte. Das könne kein Zufall sein. „Auf der Suche nach einer korrespondierenden Höhe fällt auf, daß die wasserreiche Schambach in knapp drei Kilometern Entfernung genau diese Höhenmarke durchfließt." Ohne Schwierigkeiten hätten die Römer den Bach durch die Senke östlich des Nagelbergs zum Graben hin umleiten können. Das würde nach Pecher auch die merkwürdige Bumerangform des Karlsgrabens erklären.

Die Schambach als Wasserspender für die kümmerliche Rezat bringen übrigens auch der französische General Andreossy und der Marquis Dessoles in ihrem zu Beginn des 19. Jahrhunderts veröffentlichten Entwurf für einen Main-Donau-Kanal ins Spiel. Und auch Redenbacher schreibt in seinem Werk „Die Fossa Carolina" 1844, dem Wassermangel sei nur durch Herüberleiten des Schambachs in die Rezatquelle abzuhelfen gewesen.

Pecher folgert weiter: „Wenn man die Römer für die eigentlichen Bauherren hält, erklärt sich auch, warum man nirgendwo im Umfeld des Kanals auf Siedlungs-

Römische Brunnenmaske aus Treuchtlingen-Schambach

reste oder dergleichen gestoßen ist: Die Römer konnten ja nach jeder Arbeitsschicht in ihr nur fünf Kilometer entferntes Kastell Biriciana zurückmarschieren, das durchaus günstig in der Mitte der Gesamttrasse lag.

Was hat nun aber König Karl mit dem Kanal zu tun? Es kann wohl kein Zweifel daran bestehen, daß er an diesem Kanal bauen ließ. Ebenso klar ist – wenn man der Wiener Handschrift Glauben schenken mag – daß das, was seine Mannen an Erdreich aushoben, wieder zurückgeschwemmt wurde. Karls Graben kann also auf keinen Fall identisch sein mit dem heute noch sichtbaren Kanal.

Denkbar ist jedoch, daß Karl den Kanal weiterbauen wollte, und zwar wirklich unter Einbeziehung des Rezat-Rinnsals. Dann muß man Karls Graben wohl dort suchen, wo die Rezat durch das Ried fließt. Tatsächlich gibt es hier einige Bodenwellen, die man sich immerhin als zurückgesunkene Kanalböschungen vorstellen kann. Auch auf einer Luftaufnahme von diesem Gebiet deutet eine Bodenverfärbung im Ried auf mögliche Erdarbeiten hin. Vielleicht würden Probegrabungen in diesem Bereich größere Klarheit oder gar Gewißheit schaffen.

Wenn Karls Ingenieure tatsächlich den vorgefundenen Kanaltorso auf diese Weise zu Ende bauen wollten, dann war der Mißerfolg vorprogrammiert. Nicht nur wegen der gänzlich ungeeigneten geologischen Struktur des moorigen Rieds, sondern auch wegen der technischen Unmöglichkeit, auf diese Weise eine Wasserverbindung von der Altmühl zur Rezat herzustellen. Die Wasserspiegel der Altmühl und der Rezat passen nicht zusammen, der Kanal hätte nie genügend Wasser gehabt. Karls Kanalbau also ein großes Mißverständnis?

Zumindest soviel steht fest: Es sprechen gewiß ebenso viele Indizien für die Römer als erste Bauherren wie für die Karolinger. Und auch dies gilt es zu bedenken: Dieses ganze Gebiet war in römischer Zeit dicht besiedelt, zahlreiche Gutshöfe und sonstige Siedlungszeugnisse der Römerzeit wurden gerade in den letzten Jahren entdeckt und zum Teil auch ausgegraben. Auch das wegen seiner künstlerischen Qualität als sensationell eingestufte Okeanos-Relief (in der prähistorischen Staatssammlung in München) wurde genau in dem Areal gefunden, in dem ich die Ableitung der Schambach in Richtung Kanal vermute.

Alles Anregungen zum Nachdenken also. Und vielleicht auch Anregung genug für die Fachhistoriker, sich dem Bauwerk endlich mit Sorgfalt zu widmen."

Zahlenrausch ohne Grundlage?

Ob es nun die Römer waren oder nicht, jedenfalls traut Pecher den historischen Handschriften nicht und den Wissenschaftlern, die sich allein darauf stützen, schon gleich gar nicht. Reinhold Rau, ein Bearbeiter der Reichsannalen („Quellen zur karolingischen Reichsgeschichte", Berlin 1956) nimmt an, daß diese aus verschiedenen selbständigen kleinen Chroniken entstanden sind, die dann zusammengezogen wurden. Wann dies geschah und durch wen, weiß man nicht. Jedenfalls sind alle bekannten 20 Handschriften unvollständig, teilweise verschollen, und auch die erhaltenen liegen nur in ihrer spätesten Form vor.

Gerade die immer wieder als Quelle zitierten weitschweifigen Lorscher Annalen sind eine Bearbeitung, die erst nach Karls Tod im Jahr 814 erfolgte. Und besonders darauf stützt sich der schon erwähnte Hanns Hubert Hofmann bei seinen Berechnungen der für das große Werk notwendigen Menschenmengen und gewaltigen Erdmassen. Er legt folgende Rechnung vor:

„Nimmt man nach den neuen Aufmessungen, die auf einer Länge von 1230 m die alte Grabensohle 3 bis 5 m unter der heutigen versandeten zeigen, auch nur den damaligen Aushub eines 1400 Meter langen und 30 Meter breiten Grabens von 6 m mittlerer Sohltiefe an, so ergibt das 126 000 cbm + (mindestens rund) 4000 cbm Aufschlag = 130 000 cbm Grabenaushub. Multipliziert man diesen mit (mindestens) sechsmaligem Umsetzen auf die Bermen (Schaufelbühnen), so ergeben sich 780 000 cbm Erdbewegung. Bei 0,3 Kubikmeter Stundenarbeitsleistung pro Mann kommt man also auf 2,6 Millionen Arbeitsstunden = 260 000 Arbeitstage zu 10 Stunden."

Hofmann geht von der Annahme aus, daß es im Herbst 793 nicht mehr als 55 Arbeitstage gegeben haben kann und errechnet den erforderlichen Einsatz von 4727 Mann, „der angesichts der bekannten Boden- und Wetterbedingungen und der bisher gebrauchten Minimalansätze für den Arbeitsaufwand wenigstens um ein Viertel höher veranschlagt werden sollte. Demnach mußten allein für die Erdbewegungen etwa 6000 Schanzarbeiter eingesetzt werden." Er rechnet dann seitenlang

Diorama des Karlsgrabenbaus (Senefelder-Schule, 1993)

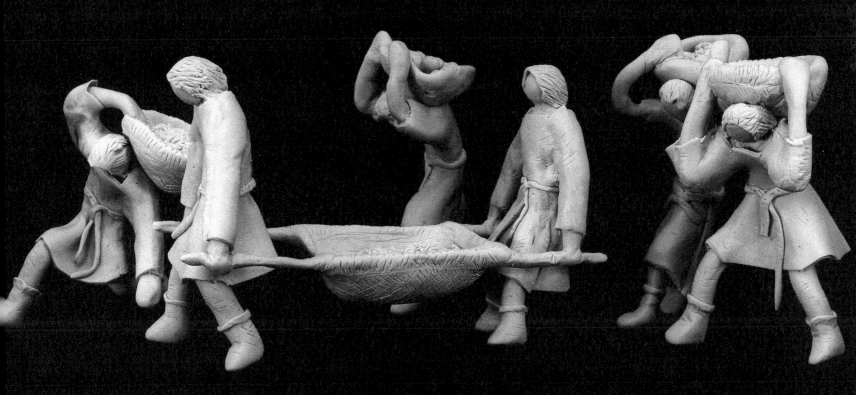

hoch, daß sich mit dem Tross über 7000 bis 7500 Menschen beim Karlsgraben aufgehalten haben müssen.

Wörtlich schreibt der Historiker weiter: „Aus der Anhäufung einer solchen Menschenmenge im engsten Umkreis der Baustelle — weitere Anmarschwege hätten ja die Arbeitszeit gemindert und somit notwendig wieder größere Einsatzzahlen bedingt — ergibt sich eine weitere Überlegung: In die Abfallgruben dieser ausgedehnten Lager mit ihren Küchen und Werkstätten müßten eigentlich haufenweise Knochen, Scherben, zerbrochenes Gerät und ähnlicher Zivilisationsmüll geworfen worden sein. Die Spatenarbeit der Archäologie könnte hier weitere Aufschlüsse bringen... In weit höherem Maße muß das für das oder die Reihengräberfelder gelten. Nach Meinung von Ärzten und Sanitätsoffizieren ist nämlich bei einer solchen zehnwöchigen Ballung von Menschen unter harten Arbeits-, schlechten Ernährungs-, miserablen Wetter- und primitiven Unterkunftsbedingungen mit einer Sterbequote von mindestens 5, ohne weiteres aber auch 10 bis 15 Prozent zu rechnen. Das bedeutet also ... 400 bis 800 Tote, die doch ebenfalls in unmittelbarer Nähe der Baustelle ordentlich bestattet worden sind, nach der Sitte der Zeit also in Feldern von Reihengräbern."

Soweit Hofmann über eine Frage, die bis heute noch nicht geklärt ist und darauf hindeuten könnte, daß alles doch ganz anders war. Edwin Patzelt greift dieses Problem in seiner Schrift „Der Karlsgraben" (1982) auf. Es stellt fest, daß nach einem Erlaß des Königs die Toten bei einer Kirche bestattet werden mußten. Jeder Dorffriedhof wäre jedoch mit einer solchen Zahl überfordert gewesen. Solch ein Friedhof wäre eher bei einer Königskirche anzunehmen, die vielleicht zu dem erstmals 867 genannten Königshof *villa Uuizinburc* (Weißenburg) gehörte. Patzelt hat auch Reliefsteine von einem Burgstall in Emetzheim beschrieben, die vermutlich auf eine merowingische Steinkirche hinweisen. Auf einer künstlichen Terrasse darunter könnte nach Patzelt auch der karolingische Friedhof gelegen haben. Es ist nicht ausgeschlossen, daß ein Teil der Arbeiter aus den umliegenden Siedlungen rekrutiert wurden, die von weiter her kommenden Soldaten und Pioniere dort einquartiert waren. Das heißt, sie wären auch in „ihren" Dörfern zum Teil verköstigt und im Fall eines Falles bestattet worden. Tägliche kilometerweite Anmarschwege zur Arbeit waren im Mittelalter durchaus üblich. Aber auch das ist Spekulation.

Bei Hofmann geht es noch seitenlang weiter mit Berechnungen von Flußstreckenentfernungen, Bootslasten und schließlich auch noch Umrechnungen in moderne Transportkapazitäten. „Dieses ganze phantastische Zahlengebäude wurde errichtet auf der Schilderung in einer Chronik, die zwar als phantasievoll, keineswegs aber als zuverlässig gilt: der Wiener Handschrift 510 der Reichsannalen," kritisiert Kunsthistoriker Pecher den Landeshistoriker Hofmann und fährt fort: „Es ist gewiß unstatthaft, auf solchem sandigen Fundament ein derart kühnes Zahlengebäude aufzutürmen. Soviel kann man auf jeden Fall mit Sicherheit sagen: Ein solch gewaltiges Projekt wie ein Kanal zwischen Altmühl und Rezat war nicht das beiläufige Vorhaben für den Herbst eines Jahres. Das wäre es nicht einmal heute, und das war es gar nicht schon vor über tausend Jahren. Alle diese Zahlenspielereien des Professors Hofmann kann man deshalb getrost vergessen."

Aufgrund der spärlichen authentischen Quellen versucht Pecher eine Beweisführung für einen neuen Denkansatz. Aus den Formulierungen der zwei eingangs zitierten Reichsannalen lasse sich schließen, daß der Graben 793 bereits allgemein bekannt gewesen sei. Das hieße, an dem Graben wurde möglicherweise schon seit Jahren gearbeitet. Wissenschaftskritiker Pecher wörtlich: „Als Karl ihn in seine strategischen Überlegungen einbezog, war die Arbeit so weit fortgeschritten, daß die Fertigstellung unter Mithilfe der Soldaten, die Karl mitbrachte, möglich schien. Und der großen Bedeutung des Vorhabens entsprechend, wollte der Herrscher bei der Fertigstellung anwesend sein, den Kanal als Erster befahren. Doch dann machten das Wetter und unvorhergesehene geologische Probleme einen Strich durch die Planung. Die Boote und Transportgüter mußten über Land umgesetzt werden — wie bisher, wenn man voraussetzt, daß diese Route von den Franken schon öfter gewählt wurde.

Auffallend ist aber auch die Beiläufigkeit der Erwähnung. Einhard nennt dieses Projekt überhaupt nicht in seiner Vita Karoli Magni. Es war aber ohne Zweifel das umfangreichste Bauvorhaben, das Karl in seiner langen Regierungszeit geplant hat — wenn er es geplant hat... 'Zu dem großen Graben — zu diesem Aquädukt' formulieren die Reichsannalen. Wenn dieser Graben überhaupt schon lange existiert hat und deshalb als allgemein gekannt vorausgesetzt werden konnte? Schon vor der Zeit von König Karl etwa?" Hier setzt Pecher seine Fragen an.

Diorama des Karlsgrabenbaus (Ausschnitt)

Staudamm-Theorie

Weil der Karlsgraben als Bodendenkmal heute noch so gut sichtbar ist, hat der Berliner Archäologe Klaus Goldmann Mitte der achtziger Jahre eine ganz andere Theorie über den frühmittelalterlichen Main-Donau-Kanal aufgestellt. Der Aushub und der Graben — so argumentiert er — kommen der in den zeitgenössischen Quellen beschriebenen Form noch so nahe, daß die Aussage nicht zutreffen könne, das von den Arbeitern am Tage Geschaffene sei des Nachts wieder zusammengestürzt.

Auch wird er in dieser Auffassung durch die verschiedenen Quellen bestärkt. So berichten die Annales Mosellani zum Jahr 792 von dem Bau eines „aquaeductus", also einer Wasserüberleitung von der Altmühl zur Schwäbischen Rezat. Schließlich nennt auch Ekkehard von Altaich die Baumaßnahme nicht „fossa", sondern „vallis Caroli Magni". Goldmann setzt das lateinische „vallis" (eigentlich Tal) gleich „vallus", also Damm. Dieser beginnt nach der Zustandsbeschreibung Ekkehards aus dem 12. Jahrhundert bei Bubenheim und wendet sich dann in Richtung Graben und Weißenburg. Hier werden Dämme genannt, die eine Ausdehnung des Gesamtbauwerks erheblich weiter nach Westen vermuten lassen. Daraus könne gefolgert werden, daß die Ingenieure Karls des Großen ein kombiniertes Staudamm- und Graben-Projekt ausführen wollten. Mit einem neun Meter hohen Staudamm hätte man Wasser aus der Altmühl in den Kanal und die wasserarme Rezat überleiten können. Dieser Damm konnte die Wassermassen nicht halten und versank, während der Graben sich eben gerade nicht zusetzte.

Ein Rest des Staudamms der Altmühl könnte nach dem Berliner Archäologen die Trasse der Straße Bubenheim-Wettelsheim sein, während die Straße zwischen Bubenheim und Graben, die auf einer Höhenlinie verläuft, durchaus auf den Wällen liegen kann, die im 12. Jahrhundert beschrieben wurden. Der hochstrebende Plan scheiterte an den Bodenbedingungen und weil mit den damals üblichen Dämmen in einer Holz-Erde-Konstruktion ein so hoher Stau nicht gehalten werden konnte.

Als das Scheitern der „großen Leistung" erkannt wurde, nahm man anscheinend die Stauhöhe um etwa vier Meter zurück. Für die Überleitung das Wasser hätte der Kanal — so Goldmanns Theorie — dann aber um das gleiche Maß vertieft werden müssen. Das Werk wurde offenbar noch begonnen, weil der westliche Teil des Grabens erheblich tiefer ausgehoben ist als der östliche. Dann hat aber Karl das gesamte Projekt im Winter 793 einstellen lassen — vielleicht weil der Untergrund im Altmühltal damals auch Stauhöhen von vier Metern nicht erreichen ließ.

Mit Hilfe der Luftbildarchäologie solle untersucht werden, inwieweit sich die Theorie des Altmühldamm-Projektes erhärten läßt. Verwirklicht wurde die Überleitung mit dem Bau des Altmühlsees 1200 Jahre später und 30 Kilometer flußaufwärts.

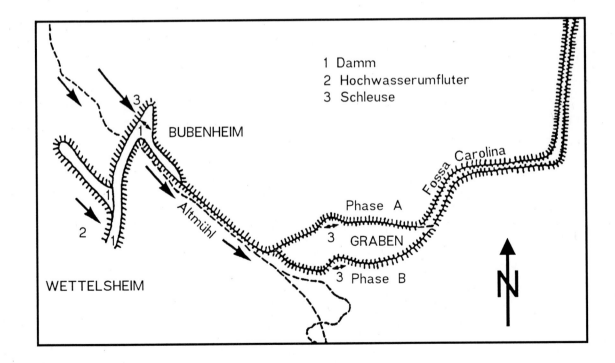

Das Altmühldamm-Projekt: Rekonstruktionsversuch der Planung

Frühe Schiffahrt

Im Gebiet um Weißenburg und Treuchtlingen kreuzten sich wichtige römische und vorrömische Fernstraßen. So überquerte vor über 2000 Jahren die von den Salzlagern an der Kocher kommende Altstraße in Treuchtlingen die Altmühl und führte zum keltischen Oppidum Manching (bei Ingolstadt). Von den Römern wurde dieser Verkehrsweg ausgebaut und weiterbenutzt. Auf ihm sollen die Nibelungen zur Donau gezogen sein. Und auch als „Weinstraße" wurde dieser uralte Weg bezeichnet, weil im Zuge eines regen Handels auch der Rebensaft hier transportiert wurde. Wein wurde übrigens in früheren Zeiten auch an Donau und Altmühl angebaut.

Eine zweite wichtige Altstraße war die Nord-Süd-Verbindung zwischen Main und Donau. Als Römerstraße führte sie vom Kastell Biricianis in Weißenburg etwa auf der Trasse der heutigen Bundesstraße 2 zur Altmühlfurt bei Dietfurt südöstlich von Treuchtlingen. In Weißenburg war sie verknüpft mit der wichtigen römischen Ost-West-Fernstraße von Regensburg nach Aalen. Bemerkenswert ist eine Abkürzung zwischen den beiden Straßen, die das Kastell Weißenburg im Osten liegenläßt; sie führt unmittelbar am späteren Karlsgraben vorbei. Ihr Verlauf ist allerdings nicht vollständig gesichert.

Fest steht jedoch, daß die römischen Straßen auch im frühen Mittelalter noch genutzt wurden. Laut F. Eigler verband die alte Nord-Süd-Straße zur Zeit der Merowinger und Karolinger die fränkischen Königshöfe, diente den Franken als Aufmarschweg gegen die sich wiedersetzenden Bayern. Nach der Absetzung des Bayernherzogs Tassilo III. durch König Karl im Jahr 788 stellte sie auch die Verbindung her zwischen den Pfalzen im fränkischen Hinterland an Rhein und Main und den neuen Stützpunkten wie Neuburg und Regensburg. In den folgenden Jahrhunderten gelangte man auf dieser von Nürnberg kommenden Pilger-, Handels- und Heerstraße über Donauwörth und Augsburg bis nach Rom.

Weitgehend wird jedoch verkannt, daß in der Antike und im Mittelalter anstelle des beschwerlichen Weges auf holprigen und ausgefurchten Straßen die Flüsse und Bäche in weitaus größerem Umfang zur Fortbewegung von Menschen und Gütern genutzt wurden.

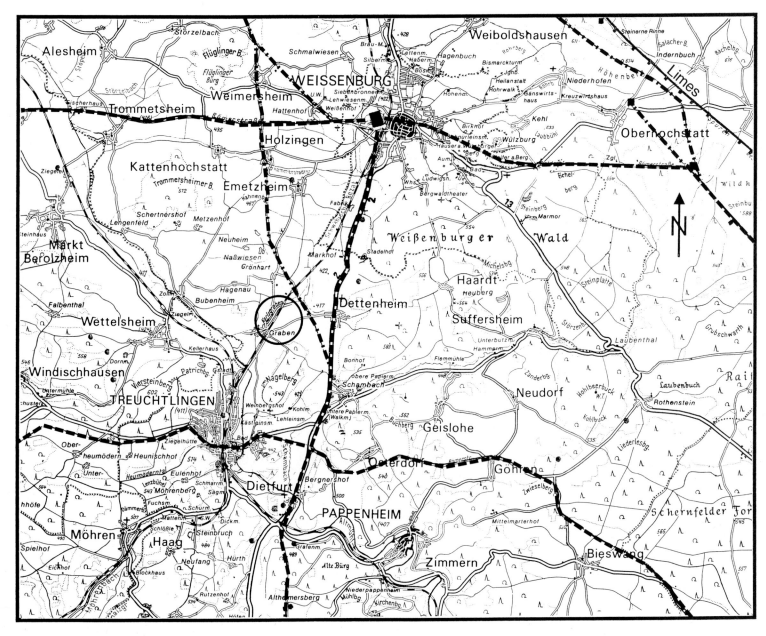

Karte vorrömischer und römischer Straßen

So liegt der Karlsgraben an einem uralten Verkehrsweg, der Main und Donau miteinander verband. Fast die gesamte Strecke konnte mit dem Schiff befahren werden. Und nur in der Gegend von Weißenburg und Treuchtlingen war eine kurze Landstrecke zu überwinden. Darauf weist D. Ellmers vom Deutschen Schiffahrtsmuseum Bremerhaven in seiner 1993 erfolgten Veröffentlichung „Die Verkehrssituation zwischen Obermain und Altmühl in der Zeit Karls des Großen" hin. Seit vorgeschichtlicher Zeit gehörten die weit in ihre Oberläufe schiffbaren Flüsse und eine kurze Verbindung über eine niedrige Wasserscheide hinweg zum üblichen Transportsystem.

Ellmers: „Schon die antiken Geographen, die Vergleichbares aus dem Mittelmeergebiet überhaupt nicht kannten, nahmen diese für das damalige Hauptverkehrsmittel Schiff so vorteilhafte Verkehrstopographie im 1. Jahrhundert v. Chr. . . . staunend zur Kenntnis.

Ganz Gallien ist von Flüssen durchströmt, die von den Alpen, Cevennen und Pyrenäen kommen und in den Ozean oder das Mittelmeer fließen. Die durchflossenen Gegenden sind eben oder nur gering hügelig und die Flüsse schiffbar. Sie haben eine so glückliche Natur, daß Waren leicht aus einem Meer ins andere transportiert werden können, so daß man sie nur kleine Strecken über Land schaffen muß.

In karolingischer Zeit war dieses System noch voll in Funktion. Das Schiff war unangefochten das Hauptverkehrsmittel im Güterverkehr und flußab auch im Personentransport." So wird in der Vita des heiligen Sola (gest. 794) erwähnt, daß die Altmühl „für Handelsschiffe geeignet" sei („navalique mercimonio aptum") — das dürfte auch für die restlichen Kilometer bis Treuchtlingen gegolten haben.

Der Autor stellt weiter fest, daß die Königshöfe an der Rednitzlinie — Hallstadt, Forchheim, Fürth, Schwabach und Weißenburg — alle an Knotenpunkten der Schiffahrt lagen: Hallstadt dort, wo man vom Main in die Rednitz abbiegen mußte, und dann alle 25 bis 30 Kilomter ein weiterer Königshof. Der Abstand, so folgert Ellmers weiter, entsprach der täglichen Treidelleistung für die Bergfahrt. Jeder dieser Königshöfe lag dort, wo die Mündung eines Baches oder Nebenflusses gute Landemöglichkeiten bot. Beides beruhe schwerlich auf einem Zufall.

„Im Bereich von Weißenburg war die Grenze der Schiffbarkeit erreicht. Die angelandeten Güter mußten auf Fuhrwerke umgeladen und zur Altmühl gefahren werden, die im Raum Treuchtlingen/Dietfurt erreicht wurde, wo die Waren wieder in Schiffe verladen werden konnten. Von dort ging es dann vor allem flußabwärts in Richtung Kelheim — Regensburg." Allein die geographische Verteilung der Königshöfe lasse die Vermutung aufkommen, daß sie auf dieser Route für den Handelsverkehr eine wichtige Rolle spielten. Sie waren Kontrollstationen an den damals schiffbaren Gewässern; außerdem bestanden Märkte für die zu Schiff fahrenden Händler. Dieser Ufermarkt war schon vor der karolingischen Zeit durch ein Marktkreuz gekennzeichnet — als Stätte des unter besonderem Königsschutz stehenden Marktfriedens; über dessen Einhaltung wachte ein Marktrichter.

Getreidelt — und zwar in der Karolingerzeit noch mit Menschenkraft — wurden die relativ kleinen Lastboote nur am Tag. Für die Nacht suchte man sichere Liegeplätze. Wörtlich: „Auch dafür boten sich die Königshöfe an, die sowieso für die Einhaltung des Marktfriedens zu sorgen hatten. In gleicher Weise wurden diese Königshöfe auch von den Bediensteten aus Weißenburg genutzt, die jene Reiseboote wieder zu Berg schaffen mußten, mit denen Karl und sein Hofstaat z. B. Ende 793 von Weißenburg nach Würzburg gefahren waren... Weitere Dienstleistungen für die zu Schiff fahrenden Händler fielen nämlich im Raum Weißenburg an, wo die Schwäbische Rezat aufhörte, schiffbar zu sein... Jedenfalls war es ausgeschlossen, daß die wenigen Bootsleute die zwar kleinen, aber relativ schweren Boote selber über die Wasserscheide zur Altmühl schleppten. Vielmehr war der Händler darauf angewiesen, daß ihm — gegen entsprechende Abgaben — in einer absehbaren Zeit mehrere Wagen mit den nötigen (Pferde-)Gespannen gestellt wurden, mit denen er die Waren seines Schiffes über die Wasserscheide zur Altmühl schaffen konnte. Die karolingischen Fuhrwerke waren dabei in der vorteilhaften Lage, von Ellingen bzw. Weißenburg ab die alten Römerstraße benutzen zu können..."

Auf einem Ufermarkt im Raum Dietfurt/Treuchtlingen habe der Händler bei einem schiffahrenden Kollegen seine Waren gegen solche aus dem Donauraum eingetauscht, der sie dann altmühlabwärts weitertransportierte. Ellmers setzt voraus, daß auch von dem Ufermarkt an der Altmühl die Donauhändler ihre Waren mit Fuhrwerken zu den Bootsliegeplätzen an der Schwäbischen Rezat über Land schafften, um sie dort bei den Händlern vom Main gegen deren Güter einzutauschen.

Rekonstruktionsversuch eines karolingischen Lastkahns

Auch die Königshöfe selbst waren gute Kunden der Händler. Außerdem wurde ein großer Teil ihres Bedarfs in Eigenregie von anderen Königshöfen herbeigeholt. Die am Wasser gelegenen Königshöfe verfügten dazu über Hörige: „Die Schiffsdienstpflichtigen von Weißenburg mußten z. B. regelmäßig von den Königshöfen um den oberen Main das Salz für die Herbstschlachtungen holen. Sie hatten sicherlich Großeinsätze während der Bauarbeiten am Kanal, um die Lebensmittel für die vielen dort tätigen Menschen herbeizuschaffen. Als schließlich der Bau aufgegeben wurde, mußten sie Karl mit seinem Hofstaat in einer kleinen Flotte von Booten nach Würzburg fahren. . . Auch all diese Einsätze der eigenen Leute mit ihren Booten hatte der Verwalter des Königshofs von Weißenburg, der Kopfstation des Flußverkehrs, zu planen und durchzuführen. . . Weiterhin waren aber auch Wassermühlen für den reibungslosen Ablauf der Lebensmittelversorgung der am Königshof Tätigen unerläßlich, so daß es dort Experten geben mußte, die sich mit der zugehörigen Wasserbautechnik (z. B. Anlage und Erhaltung von Mühlenstauen, von Hanggräben für die Wasserzuführung usw.) auskannten. . . Bei dem Verwalter des Königshofs z. B. von Weißenburg kam also genügend Sachverstand zusammen, der betreffs Verkehrssituation, Gegebenheiten des Geländes und zum Wasserbau nötig war, um einen Kanal zu konzipieren. . ."

Bei seinem neuen Forschungsansatz geht Ellmers also von einer mehr zivilen Motivation für den Karlsgraben aus, weil der Kanal die Bedingungen für die Handelsschiffahrt wesentlich verbessert hätte. Er wendet sich gegen die militärische Begründung in der jüngeren Forschung: Karl habe trotz des mißlungenen Durchstichs seinen Flotte aus dem Awarenfeldzug zum Main transportieren lassen für den Krieg gegen die Sachsen. Diese auch von Hofmann vertretene Ansicht verkenne, wie der Kriegseinsatz in karolingischer Zeit wirklich organisiert war. Schlußfolgerung des Aufsatzes:

„Die transportable Schiffsbrücke, die Karl in der Tat vor dem Kanalbau zum Einsatz gegen die Awaren an der Donau hatte bauen lassen, wurde dort noch dringend gebraucht, weil der Krieg gegen die Awaren 793 keineswegs beendet war. Dieses schwere Gerät über die Wasserscheide zu schleppen, wäre völlig sinnlos gewesen. Im übrigen hatte Karl auch gar keine feste Bootsflottille für seine Kriegszüge, sondern stets nur dort, wo es nötig war, die zum Schiffsdienst verpflichteten Hörigen seiner Königshöfe auch für militärische Einsätze (z. B. für Transportaufgaben) herangezogen. Der sehr aufwendige Kanalbau hätte für eventuelle weitere Feldzüge zwar das umständliche, aber doch effektive Umladesystem von der Rezat zur Altmühl überflüssig gemacht, aber trotzdem die Transporte auf dieser Strecke höchstens um einen oder wenige Tage beschleunigt.

Tiefgreifende Verbesserungen konnten dagegen von dem Kanalbau vor allem die schiffahrenden Händler erwarten, die ohne den Kanal ihr Fahrzeug — wie geschildert — im Oberlauf des einen Flusses liegen lassen und ihre Waren gleich jenseits der Wasserscheide gegen solche aus dem anderen Flußgebiet eintauschen und mit diesen zu ihrem Schiff zurückkehren mußten. Sie hätten bei geglücktem Kanaldurchstich mit ihrem warenbeladenen Fahrzeug weit in das jeweils andere Flußgebiet hineinfahren können."

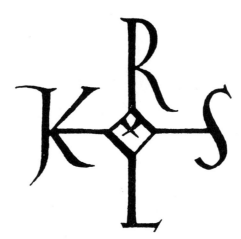

Signatur Karls des Großen

Tiefer gebohrt

Durch Luftaufnahmen erkannte man seit 1968, daß der Karlsgraben erheblich länger war als bislang angenommen. Eine Quelle für die Ansicht, der Kanalbauversuch sei insgesamt nur rund eineinhalb Kilometer weit gediehen, ist ein Auslegungsfehler bei der Übersetzung der Lorscher Annalen. Dort wurde nämlich *„duum milium passuum longitudine"* als „2000 Schritt" (entsprechend 1,5 Kilometer) gedeutet anstatt als „2000 Schrittspannen" (je 1,7 Meter, also gut drei Kilometer). Die zufällige Übereinstimmung der sichtbaren Länge der Wälle mit der unrichtigen Angabe trug dazu bei, daß der Fehler weiter überliefert wurde und zu falschen Rekonstruktionsvorschlägen führte.

Die Luftaufnahmen zeigen ein durch Bodenverfärbungen erkennbares künstliches Rezatbett. Es zieht vom heute sichtbaren Ostende des Karlsgrabens an der Straße Grönhart–Dettenheim parallel zur Rezat nach Norden. Etwa 1000 Meter weit kann man den vermuteten Graben auf der Luftbildauswertung sogar über die Bahnlinie hinweg verfolgen. Vermessungen und Bodenuntersuchungen in Form von Kernbohrungen wurden erst im Jahr 1992 durchgeführt.

Insgesamt wurden unter Aufsicht des Talsperren-Neubauamtes Nürnberg 15 Bohrungen niedergebracht. Die Bohrkerne wurden nach Lage und Höhe genau vermessen. Außerdem wurde die paläobotanische Untersuchung der organischen Bestandteile (Torfablagerungen) der Bohrkerne einschließlich der C14-Altersbestimmung erfaßt. Die Ergebnisse, die eine genaue Datierung des Kanalbaus erwarten lassen, lagen bei Drucklegung noch nicht vor. Die folgende Darstellung hält sich fast wörtlich an die Auswertung dieser Bohrungen in dem Aufsatz von R. Koch (Bayer. Landesamt für Denkmalpflege, Nürnberg) und G. Leininger (Regierung von Mittelfranken, Wasserwirtschaftsabteilung) „Der Karlsgraben – Ergebnisse neuer Erkundungen" 1993.

Durch sieben Kernbohrungen in der Achse des Karlsgrabens wurde der Umfang des ursprünglichen Ausbaus erkundet. Die südlichste Bohrung in der Ortsmitte von Graben zeigte vier Meter mächtige Auffüllungen und auf 408,80 Meter über NN — also knapp über dem Altmühlspiegel — den Übergang zum anstehenden Boden und damit die vermutliche Aushubsohle.

In der Bohrung B 2, etwa am nördlichen Ende der heutigen Wasserfläche des Grabens, wurden fünf Meter locker gelagerte Auffüllungen erschlossen, unter anderem eine etwa 1,5 Meter mächtige Torfschicht (Abbildung S. 59, Querschnitt mit den Bohrungen B 1, B 2 und B 13). Erst ab einer Höhe von 410,70 Meter über NN, der früheren Grabensohle, bestätigte die seitliche Kontrollbohrung wieder gleiche Schichtfolgen. Der östlich der Bahnlinie liegende stark verebnete Teil des Karlsgrabens war Bohrungen zufolge ehedem etwa vier Meter tiefer. Hier waren nach Darstellungen aus dem 18. Jahrhundert Weiher angelegt, die verlandeten und wohl anschließend zugeschüttet wurden (Abbildung S. 34).

Im Rezatried (nördlich der Straße Grönhart–Dettenheim) konnte mit weiteren Bohrungen eine rund 500 Meter lange Fortsetzung des Grabens nachgewiesen werden. Die allein aufgrund des geologischen Befundes festgestellte Sohlhöhe von 414,00 Meter über NN muß wegen des schwierigen Untergrunds noch durch paläobotanische Untersuchung und C14-Altersbestimmungen bestätigt werden. Verbindet man die erbohrten Sohlhöhen, ergibt sich eine von der Altmühlaue aus annähernd gleichmäßig mit drei Promille ansteigende Aushubsohle; sie endet nach etwa 2000 Metern im Rezatried. Ob sich der Graben über die Bahnlinie hinaus nach Norden fortsetzt, wurde nicht untersucht. Dies müßte — ebenso wie in der Altmühlaue vermutete Spuren — noch durch Grabungen und Bohrungen erkundet werden.

In den Veröffentlichungen wird seit langem die Frage diskutiert, ob die fränkischen Baumeister einen Ableitungskanal, also eine in Höhe des Altmühlspiegels durchgehende Verbindung zur Rezat herstellen wollten oder auf- und absteigenden Kanalhaltungen planten. Bei dem relativ geringen Höhenunterschied von etwa 12 Metern zwischen Altmühl und Scheitelpunkt liegt der Gedanke an einen Ableitungskanal nahe. Die ungehinderte Durchfahrt und die durch übergeleitetes Altmühlwasser verbesserte Schiffbarkeit der Rezat sprechen zunächst für diese Überlegung. Ein Ableitungskanal hätte jedoch fast sechs Kilometer Länge erfordert und — beispielsweise bei einer Sohlhöhe von 407,50 Metern über NN und 1 : 2 geneigten Böschungen — einen Aushub von etwa 770 000 Kubikmetern. Diese auch für heutige Verhältnisse noch große Erdbewegung und die bis zehn Meter Tiefe

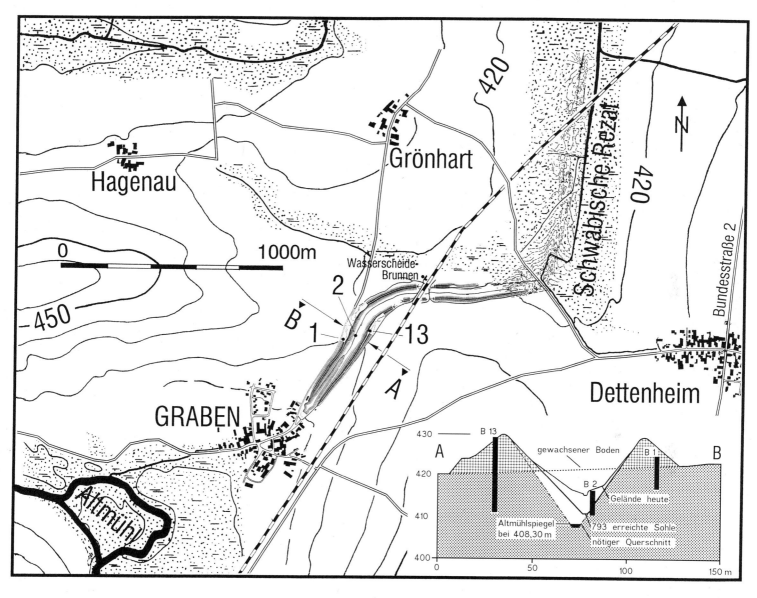

Luftbild des Karlsgrabens von der Altmühl (links unten) bis zur Rezat (rechts); Pfeile: künstliches Rezatbett

Geländeaufnahme des Karlsgrabens von 1992 mit drei Bohrstellen und Querschnitt

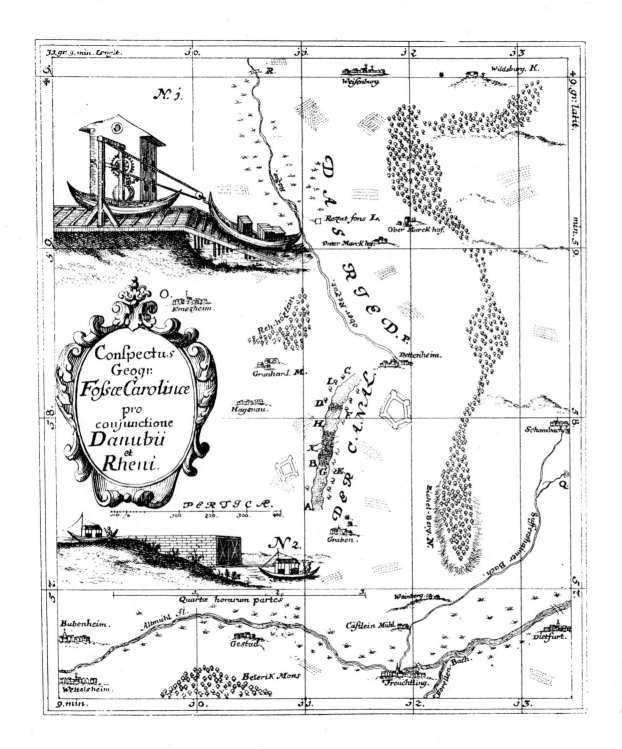

Illustration aus G. Z. Haas „De Danubii et Rheni conjunctione" (1726)

erforderlichen Einschnitte im schwierigen Ried verdeutlichen, daß ein solches Vorhaben kaum durchführbar gewesen wäre.

Die Alternative, ein Scheitelkanal, wird vor allem im neueren Schrifttum vertreten. Daß zur damaligen Zeit die Kammerschleuse nicht bekannt gewesen sein dürfte, spricht nicht gegen diese Lösung. Kähne wurden auf nicht schiffbaren Strecken über Land geschleift, Höhenunterschiede mit Rampen überwunden. Das Schleifen eines Kahns von einer Tonne Gewicht über eine 1 : 10 geneigte Rampe hätte etwa 5000 Newton (500 Kilogramm) Zugkraft erfordert, was z. B. mit zwei Pferden möglich gewesen wäre.

Legt man den nun bekannten Sohlenverlauf zugrunde, so hätte man von der Altmühl aus über fünf bis sechs Rampen die Wasserspiegelhöhe der Scheitelhaltung von etwa 415 Meter über NN erreicht; von dort aus wäre der Kanal dann stufenweise zur Rezat abgestiegen. Zuströmendes Grundwasser hätte die Füllung der Scheitelhaltung gesichert. Für einen Scheitelkanal hätten etwa 170 000 Kubikmeter Aushub bewegt werden müssen. Anschließend an den Kanal wäre noch ein Aushub der Rezat auf eine Wassertiefe von etwa 60 Zentimetern und eine Breite von etwa drei Metern bis Weißenburg notwendig geworden — oder aber der Bau eines entsprechenden Seitenkanals. Bei der Trassenwahl erstaunt die exakte Anpassung an das Gelände, der sicherlich genaue Höhenmessungen vorausgegangen waren. Der Bau wurde folgerichtig von der tiefer gelegenen Altmühlseite aus begonnen, und der Einschnitt mit großem Arbeitseinsatz in den ansteigenden Hang vorangetrieben. Nachdem die lockeren quartären Sande abgebaut waren, stießen die Schanzarbeiter auf die zähen Tone der tertiären Seeablagerung, die den Aushub sicher mühevoll machten. Allerdings war dieser Boden sehr standfest; das zeigen die heute noch erhaltenen relativ steilen Böschungen, und auch der Grundwasseranfall dürfte selbst in größerer Tiefe gering gewesen sein. Nach der Scheitelhöhe geriet der Aushub in die bereits vom Ried beeinflußten, stärker wasserführenden Sande. Dies war wohl der Grund, weshalb man die Trasse nach Osten auf standfesteren Boden umschwenken ließ. Am Beginn des Rieds war schließlich nur noch ein Einschnitt von etwa drei Metern Tiefe erforderlich, der auch in dem fraglos schwierigen Boden ausführbar war.

Nach den geschichtlichen Quellen zwangen politische Ereignisse zum Abbruch der Arbeiten. Nur die Lorscher Annalen erwähnen zusätzlich bautechnische

Probleme. Dies muß nach heutigen Erkenntnissen kritischer beurteilt werden. Der fast stetige Verlauf der Grabensohle zeigt einen durchaus planmäßigen Arbeitsablauf. Ein untrügliches Indiz, daß das Werk sehr wohl Bestand hatte, sind die tief anstehenden, bis zu 1,6 Meter mächtigen Torfschichten im verlandeten Teil. Der Graben war demnach in diesem Bereich mehrere hundert Jahre mit Wasser gefüllt, ehe er austrocknete. War er also vollendet, vielleicht sogar in Betrieb?

In der Zusammenschau der bisherigen Forschungen und der neuen Erkenntnisse zeigt sich noch deutlicher, welch außergewöhnliche Leistung der Karlsgraben darstellt. Die Trassenwahl, die Ausführung und der erreichte Bauzustand zeugen von einer wohlüberlegten Planung und von erfahrenen Baumeistern, die mit der Technik des Erd- und Wasserbaus vertraut waren. Die Frage, ob der Karlsgraben in Teilen fertig ausgebaut und in Betrieb war, konnte durch die Bohrungen — die nur punktuelle Aufschlüsse liefern — nicht beantwortet werden. Hierzu wären archäologische Funde wie etwa Ufersicherungen oder Rampen erforderlich. Auch die wichtige Frage, wo sich das Baulager befand, harrt noch ihrer archäologischen Klärung. Der Karlsgraben wird also auch in Zukunft ein lohnendes Ziel weiterer Untersuchungen sein.

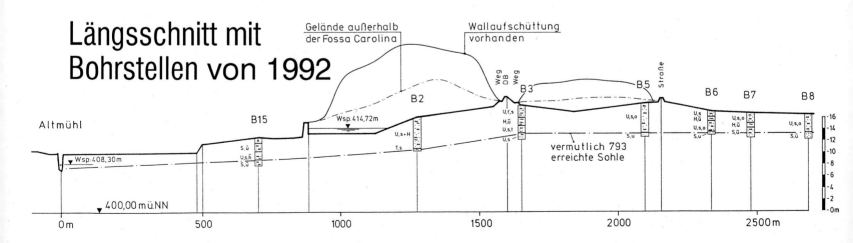

Ludwig-Donau-Main-Kanal

Die historische Überlieferung von Kaiser Karls Kanalbau beflügelte im Lauf der Jahrhunderte immer wieder Menschen zu dem Anliegen, das große Werk zu vollenden. Nachdem im 18. Jahrhundert in Frankreich, England und in den Niederlanden große Kanäle gebaut worden waren, kam auch eine Wasserstraßen-Verbindung zwischen dem Main und der Donau wieder zur Sprache. 1806 war das Königreich Bayern entstanden, zu dem nun auch die fränkischen Territorien gehörten — das gesamte Gebiet einer möglichen Kanaltrasse zwischen Main und Donau lag damit in einem einheitlichen Hoheitsgebiet. Der Bau dieser verbindenden Wasserstraße gehörte zu den wichtigsten wirtschaftspolitischen Interessen des neuen Staates. König Max I. Joseph konnte sich — trotz vieler Kanalpläne — nicht zu einen Baubeginn entschließen. Sein Sohn König Ludwig I. entschied sich dann sowohl für den Kanal wie auch für den Bau von Eisenbahnen. 1834 bewilligte der Bayerische Landtag einen „Entwurf für den Kanal zur Verbindung der Donau mit dem Main".

Am 4. Juni 1846, nach zehnjähriger Bauzeit, wurde der nach dem König benannte Ludwig-Donau-Main-Kanal auf der gesamten Länge für den Verkehr freigegeben. Er hatte mit fast 16 Metern Breite und 1,5 Metern Tiefe größere Abmessungen als andere damalige künstliche Wasserstraßen. Die Schiffe konnten bis zu 120 Tonnen Güter befördern. Auf der „47 Stunden" langen Strecke von gut 177 Kilometern waren 100 Schleusen zu bewältigen. Die meisten der Schiffe wurden von Pferden gezogen, also getreidelt. Die jährlich beförderte Gütermenge steigerte sich bis 1850 stetig. Danach nahm die Frachtmenge rasch ab, vor allem wegen der immer stärker werdenden Konkurrenz der Eisenbahn.

Im Zweiten Weltkrieg wurde der Kanal schwer in Mitleidenschaft gezogen. Die Kriegsschäden zu beheben, hätte Ende der vierziger Jahre rund eine Million Mark gekostet. Eine solche Summe stand damals nicht zur Verfügung. Darum ließ das bayerische Innenministerium den Ludwigskanal am 4. Januar 1950 auf.

Am Ludwigskanal: Foto mit Ziehpferd und Schleuse (1937)

Kanalverein

Schon im letzten Jahrzehnt des 19. Jahrhunderts hatten die Überlegungen für einen neuen, leistungsfähigeren Rhein-Main-Donau-Kanal begonnen. Unzählige Pläne wurden diskutiert. Um die Jahrhundertwende nahmen die Projekte für die Großschiffahrtsstraße Gestalt an; aus 40 Vorschlägen für die Trassenführung kristallisierten sich zwei Möglichkeiten heraus: die Beilngrieser Linie — so wurde der Kanal auch später gebaut — und die Stepperger Linie. Diese zweite hätte südlich von Nürnberg das Rednitz- und Rezattal genutzt. Ab Treuchtlingen war ein Altmühl-Seitenkanal bis Dollnstein geplant. Von hier aus bot sich das Wellheimer Trockental für den Kanal zur Donau bis Stepperg an.

Besonders in Treuchtlingen mit seiner mehr als 1000jährigen Kanaltradition kämpfte man um diese Stepperger Linie, um die Anbindung an die europäische Wasserstraße also. In der ersten Hälfte des 20. Jahrhunderts war der Kanal ein bedeutsames Projekt für die Treuchtlinger Bürger und Kommunalpolitiker. Immerhin hatte man ihnen beträchtliche Hoffnungen auf die Wasserstraße gemacht und sie damit zu finanziellen Vorleistungen veranlaßt. 1901 wurden bei Treuchtlingen Geländebohrungen vorgenommen, um die Kosten für die Erdarbeiten des Kanals beurteilen zu können. 1904 fand dann eine Versammlung statt, bei der der Geschäftsführer des „Vereins zur Hebung der Fluß- und Kanalschiffahrt in Bayern" — kurz Kanalverein genannt — über den großen Wert der Schiffahrt für das Königreich Bayern sprach. Während in den folgenden Jahren auf bayerischer Ebene Pläne erstellt und verworfen wurden, blieb es in Treuchtlingen ruhig.

Ausgerechnet im Kriegsjahr 1917 wurde der Kanalbau für die Stadt wieder aktuell. Sie erhielt eine von 14 Kanalbauinspektionen. Die Wahl der Standorte machte deutlich, daß die Stepperger Linie zum Zuge kommen sollte. Man beeilte sich, ein geeignetes Domizil für die willkommene Behörde zu finden. In einer Villa stand die Wohnung eines Feldwebels leer, der an der Front war. Sie wurde ihm kurzerhand gekündigt, und die Neubauinspektion konnte einziehen. Aufgabe der Inspektion war es, noch im Herbst des Jahres 1917 Geländeaufnahmen als Unterlagen zur Berechnung des Kanalbaus zu machen. Hochgestimmt von der Aussicht auf die Wasserstraße trat die Stadt Treuchtlingen dem Bayerischen Kanalverein bei. Dafür mußte sie einen Jahresbeitrag von 20 Mark zahlen.

Wie fest man mitten im Ersten Weltkrieg in Treuchtlingen mit dem Kanalbau rechnete, geht aus einem Sitzungsprotokoll des Stadtmagistrats vom 17. Juni 1917 hervor: „Der Magistrat glaubt, von der Bereitstellung der Notstandsarbeiten für die heimkehrenden Krieger absehen zu können, nachdem ja, wie bekannt, schon die Kanalisierungsprojektierung im Gange und die Ausführung der Arbeiten dieser Großschiffahrtsstraße nach Möglichkeit sofort Ende des Krieges beginnen soll. . ." Obwohl dem nicht so war, blieb man in Treuchtlingen geduldig und gründete 1921 eine Ortsgruppe des Bayerischen Kanalvereins. Ihr gehörten vor allem Unternehmer und Gewerbetreibende an.

Weitere zehn Jahre überörtlicher Planungen vergingen. 1931 durfte Treuchtlingen die Jahrestagung des Bayerischen Kanalvereins ausrichten. Im Mittelpunkt der zweitägigen Zusammenkunft von Kanalfachleuten und Kanalfreunden standen selbstverständlich Fachvorträge. In seinem Referat setzte sich der Treuchtlinger Bürgermeister Otto Emil Sommer – ein Vorkämpfer der Kanalidee und Vorstandsmitglied im Bayerischen Kanalverein – für die Stepperger Linie ein. Er hob die Verkehrsbedeutung für das südliche Mittelfranken und für Schwaben hervor. Gerade auch im Hinblick auf den möglichen Kanalanschluß von Augsburg und München habe die Stepperger Linie große Vorteile. In Treuchtlingen sei die Verbindung des Kanals mit den wichtigen Eisenbahnlinien und Straßen gegeben. Sommer wies in diesem Zusammenhang auf das Frachtaufkommen der Solnhofer und Treuchtlinger Steinindustrie hin. Er meinte, daß der Einzugsbereich der Wasserstraße durch die Wahl der Stepperger Linie erheblich erhöht werde und daß eine andere Trasse keinerlei regionale Bedeutung besäße. Schließlich brachte Sommer den Antrag ein, beide Wahllinien nochmals zu untersuchen; die Versammlung nahm dies in einer Entschließung an.

Den Teilnehmern wurden auch gesellige Veranstaltungen geboten. Beim Begrüßungsabend stieg über der nahen Fossa Carolina ein Feuerwerk auf. Am Perlachbergkeller, dem Ort der Zusammenkunft, lösten sich aus bengalischem Nebel die Gestalten Karls des Großen und des Treuchtlinger Bürgermeisters, zwischen denen sich ein launiger Dialog entspann. Zum Festmahl in der Stadthalle schwebte in der Mitte des Saales über den Gästen das Blumen-Kanalschiff „Treuchtlingen".

Nach der Treuchtlinger Hochzeits- und Kirchweihsuppe wurden Karpfen aus der Fossa Carolina serviert.

Zwei Jahre später mußte der Treuchtlinger Bürgermeister Sommer sein Amt verlassen. Sein Nachfolger Güntner von der NSDAP, der schon gegen die Kanalvereinstagung in Treuchtlingen gewettert hatte, nahm offenbar mit Befriedigung zur Kenntnis, daß der Kanal nun über Beilngries geführt werden sollte. Er berief sich in der Stadtratssitzung vom 10. Oktober 1933 auf eine entsprechende Zeitungsmeldung und fügte hinzu: „Ist dies der Fall, ... so kann die hiesige Ortsgruppe des Kanalvereins ruhig aufgelöst werden." Dies erfolgte jedoch nicht. Zwar wurde der Verein auf seiner Jahrestagung 1934 in den „Verein zur Wahrung der Main- und Donau-Schiffahrts-Interessen" umbenannt, gleichzeitig war aber von einer „direkten südliche Verbindung Schwabach—Roth—Weißenburg—Treuchtlingen zur Donau bei der Einmündung des Lechs" die Rede. Die Stepperger Linie war erneut in den Vordergrund gerückt.

Mitte der dreißiger Jahre gab es dann sogar einen „Großtonfilm" mit dem Titel „Die Großschiffahrtsstraße Rhein-Main-Donau, ein Werk des deutschen Aufbauwillens" von Kanalverein und Rhein-Main-Donau-AG. Am Samstag, dem 19. September 1936 lief er auch in der Treuchtlinger Stadthalle.

Die Frage der Trassenführung zwischen Nürnberg und der Donau war wieder völlig offen. Nach Ansicht des „Reichsstatthalters" General Ritter von Epp war die „alte" Linie über Beilngries die günstigere. Dieser Meinung scheint sich damals auch die Stadt Nürnberg angeschlossen zu haben. Endgültig festgelegt wurde diese Trasse dann 1938 durch das Rhein-Main-Donau-Gesetz. 1939 begannen die Vorarbeiten für den Kanalbau südlich von Nürnberg, denen der Ausbruch des Zweiten Weltkriegs ein Ende setzte. Dennoch bestand die Ortsgruppe Treuchtlingen des Kanalvereins, wenn auch unter Mitgliederschwund leidend, bis Kriegsende. 1948 trat der Bayerische Kanalverein zum ersten Mal wieder an die Öffentlichkeit. Obwohl die Beilngrieser Linie nun als festgelegt galt, schrieb die Geschäftsführung des Vereins die Stadt Treuchtlingen wegen eines neuerlichen Beitritts an. In seiner Sitzung vom 23. Juni 1949 winkte der Verwaltungssenat des Stadtrats ab. Damit endete das Treuchtlinger Kanal-Engagement.

Ansichtskarte aus Graben von 1900; man sieht den offenen Ausfluß des Karlsgrabens mitten duch das Dorf und wie wenig bewaldet die Wälle damals waren.

Main-Donau-Kanal

1921 wurde zwischen dem Deutschen Reich und Bayern der Main-Donau-Vertrag abgeschlossen und die Baugesellschaft für den neuen Kanal ins Leben gerufen. Sie erhielt den Namen Rhein-Main-Donau AG. Die Gründung des Unternehmens fiel in die Zeit der galoppierenden Inflation.

Von 1922 bis 1962 dauerte — unterbrochen durch den Zweiten Weltkrieg — der Ausbau des Mains von Aschaffenburg bis Bamberg. Auf dieser rund 300 Kilometer langen Flußstrecke wurden 28 Staustufen mit Kraftwerken errichtet. Dadurch weist der Main — in seinem Oberlauf einst ein seichtes Rinnsal — nun das ganze Jahr über einen Wasserstand von 2,50 Metern auf.

Gleichzeitig mit dem Ausbau des Mains als Schiffahrtsweg begann 1922 auch der Ausbau der Donau. Zunächst erfolgte nur eine „Niederwasserregulierung", und das Kachlet-Kraftwerk wurde gebaut. In den fünfziger Jahren errichtete dann die Rhein-Main-Donau AG zusammen mit Österreich die Staustufe Jochenstein unterhalb von Passau. Mit Staustufen bei Geisling und Straubing wurde die Schiffbarkeit der Donau in den letzten Jahren weiter verbessert.

Zwischen Bamberg am Main und Kelheim an der Donau mußte ein völlig neuer Kanal gebaut werden. 1972 hatte der „Europa-Kanal" — wie er auch genannt wurde — Nürnberg erreicht. Beim letzten Teilabschnitt nach Kelheim paarten sich der hohe technische und finanzielle Aufwand, der zur Überwindung der Wasserscheide notwendig war, mit wirtschaftspolitischen und ökologischen Bedenken und Beschränkungen.

Die neue Wasserstraße hat im Normalfall einen trapezförmigen Querschnitt; die Uferböschungen sind nicht steiler als 18 Grad. Der Main-Donau-Kanal ist in der Regel 55 Meter breit und vier Meter tief. Allein von Nürnberg bis zur Donau sind acht Schleusen nötig mit einer Hubhöhe von bis zu 25 Metern.

Im unteren Altmühltal läßt der Main-Donau-Kanal eine sehr sorgfältige Einbindung in die Tallandschaft erkennen. Die Landschaftsplaner haben erhebliche Anstrengungen unternommen, um die breite Wasserstraße in dem engen Tal aus

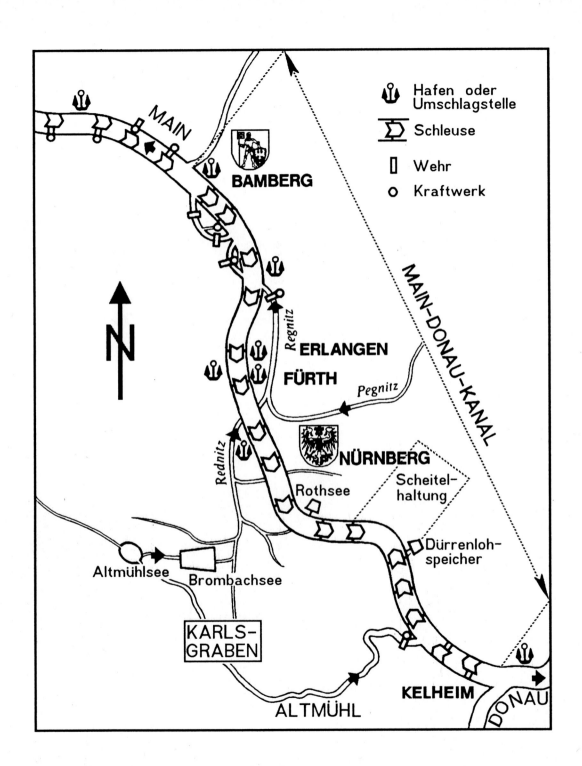

Schema des Main-Donau-Kanals

ihrer Geradlinigkeit herauszubrechen. Verwirklicht wurde dies durch eine wechselnde Gestaltung der Ufer mit unterschiedlichen Neigungswinkeln der Böschungen, durch Flachwasser- und Schilfzonen. Ferner blieben für den Ludwig-Donau-Main-Kanal ausgebaute Altmühlstrecken und Altwässer erhalten. 10 bis 15 Prozent der Bausumme wurden in diesem Bereich für ökologische Ausgleichsmaßnahmen und Landschaftsgestaltung ausgegeben. Das Jahrhundertbauwerk hat die Landschaft — nicht nur im Altmühltal — verändert, ihr aber einen neuen Reiz verliehen. Welche langfristigen Folgen sich durch die Veränderung des Grundwasserspiegels ergeben, wird sich zeigen.

Die gigantischen Baukosten mußten jedoch nicht vom Steuerzahler bestritten werden. Vielmehr hat die Kanalbaugesellschaft das Vorhaben über Kredite finanziert. Zins und Tilgung werden aus dem Verkauf von Spitzenstrom erzielt, der in den 57 zum Kanal gehörenden Wasserkraftwerken erzeugt wird. Das heißt, der Kanal bezahlt sich zum Teil selbst, auch unabhängig von seiner eigentlichen Nutzung als Wasserstraße.

Europäisches Unterfangen

In einem zusammenwachsenden Europa wird „der Kanal" nach dem Verschwinden des Eisernen Vorhangs eine größere Wirtschafts- und Verkehrsbedeutung bekommen, als dies noch vor einem Jahrzehnt schien. Die transkontinentale Binnenwasserstraße will weniger die Verbindung zwischen ihren Endpunkten an Nordsee und Schwarzes Meer herstellen. Vielmehr wird sie den europäischen Durchgangsverkehr entlasten und den Staaten im Herzen des alten Kontinents den Zugang zu Seehäfen ermöglichen. Schüttgüter und Schwersttransporte können von der Schiene auf das Wasser verlagert werden. Folglich werden bei der Bahn Transportkapazitäten frei, die einen zunehmenden Schwerverkehr von der Straße abziehen. Bekommt der umstrittene Kanal neben einer wachsenden ökonomischen Bedeutung zunehmend eine ökologische Rechtfertigung?

Der neue Main-Donau-Kanal wird gern auch Europa-Kanal genannt. Vor dem Hintergrund einer 1993 stärker zusammengewachsenen Europäischen Gemeinschaft kommt ihm auch eine fast symbolische Bedeutung zu. Mit dem Kanal ist die Lücke in der europäischen Wasserstraße zwischen Nordsee und Schwarzem Meer geschlossen worden. 500 Millionen Menschen in einem Dutzend Länder sind durch die Main-Donau-Wasserstraße verbunden.

Genau 1200 Jahre zuvor mag Karl der Große von einer ähnlichen Vision beflügelt gewesen sein, als er den Auftrag für den Bau oder Weiterbau des Kanals gab. Karls Reich von europäischer Dimension hat seinen Schöpfer zwar nicht lange überdauert. Aber die große Idee des europäischen Reiches sollte das Denken der Menschen noch lange beherrschen. Das später „heilig" genannte Reich bestand weiter, wenn auch in „abgespeckter" Form.

Karl also der erste große Europäer. Und der nach ihm benannte Kanalbau das erste große Bauwerk europäischen Ausmaßes.

Der Main-Donau-Kanal bei Essing aus der Luft

Wasser aus der Donau für den Main: das Fränkische Seenland

Etliche Karlsgraben-Historiker und -Forscher gehen davon aus, daß zum Funktionieren des ersten Kanals auf jeden Fall Zusatzwasser notwendig gewesen war — sei es durch die Überleitung der wasserreichen Schambach in Richtung Schwäbische Rezat oder gar durch das Einbringen von Altmühlwasser mit Hilfe eines Staudamm-Projekts (siehe Kapitel „Staudamm-Theorie"). Doch der Kanal und in Verbindung damit eine Wasserüberleitung von Bayerns Süden nach Norden wurde erst jetzt verwirklicht. Wer da aber glaubt, das Fränkische Seenland — jene grandiose Wasser- und Freizeitlandschaft aus Menschenhand — sei nur deswegen entstanden, um den Main-Donau-Kanal mit Wasser zu versorgen, der irrt.

Vielmehr ist dem Main-Donau-Kanal auch die Funktion als riesige Wasserleitung aus dem wasserreichen Südbayern in das wasserärmere Nordbayern zugedacht. Weite Teile Frankens und der Oberpfalz haben geringere Niederschläge als das Land südlich der Donau. Auch sind größere Grundwasservorkommen selten. Zur Verbesserung der Gewässergüte soll das Niedrigwasser in Rednitz, Regnitz und Main wesentlich erhöht werden. Dem überregionalen Ausgleich dient die „Überleitung von Altmühl- und Donauwasser in das Regnitz-Main-Gebiet". So heißt offiziell das größte Wasserbauprojekt des Freistaates Bayern, das 1970 vom Bayerischen Landtag beschlossen wurde. Es besteht neben der Kanalüberleitung aus dem Brombachspeicher-System. Dabei wurde nicht nur eine rein technische Anlage entwickelt. Augenfällig und durchaus auch gefällig ist die tiefgreifende Umgestaltung einer dünnbesiedelten, landwirtschaftlichen orientierten Region in eine Fremdenverkehrs- und Erholungslandschaft: das „Neue Fränkische Seenland" mit Altmühlsee, Brombachsee und Rothsee.

Das Brombachspeicher-System und die Wasserüberleitung über den Main-Donau-Kanal sind zwar technisch voneinander unabhängig, in ihrer wasserwirtschaftlichen Zielsetzung jedoch eng miteinander verknüpft. Bei der Überleitung von Altmühl- und Donauwasser in das Regnitz-Main-Gebiet kommt dem Main-

Schema der Überleitung

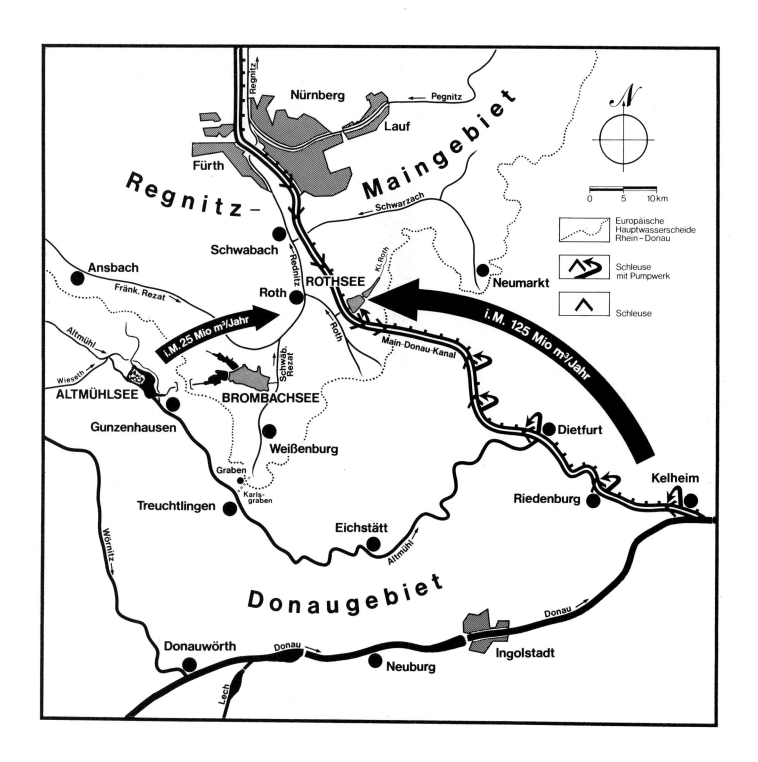

Donau-Kanal die größere Bedeutung zu. Über ihn sollen 70 bis 90 Prozent des zusätzlichen Wassers für Nordbayern aus dem Donauraum gepumpt werden.

Der Main-Donau-Kanal ist technisch zur Wasserüberleitung ausgestattet. An jeder Schleuse der sogenannten Südrampe – zwischen der Scheitelhaltung und Kelheim – sind fünf Pumpen mit einer Gesamtleistung von 35 Kubikmetern pro Sekunde eingebaut. Zwei davon dienen der Beibehaltung des Wasserstandes im Kanal, drei der Wasserüberleitung. Bei Bedarf wird Wasser aus der unteren Altmühl bei Dietfurt und aus der Donau bei Kelheim gefördert. Durch das Kraftwerk neben der Schleuse Hilpoltstein kann ein Teil der Pumpenergie zurückgewonnen werden. Dem Regnitz-Main-Gebiet muß das Wasser gleichmäßig zugeführt werden. Für diesen Ausgleich wurde die Talsperre „Kleine Roth" geschaffen; von der Schleuse Eckersmühlen fließt ihr das Wasser zu. Nach Bedarf wird es aus dem Rothsee in das Flußsystem von Rednitz, Regnitz und Main abgegeben. Der Rothsee – bestehend aus Vor- und Hauptsperre – hat eine Wasserfläche von 2,2 Quadratkilometern.

Jährlich werden im Durchschnitt 125 Millionen Kubikmeter Wasser über den Kanal vom Donau- ins Main-Gebiet übergeleitet. Bei Niedrigwasser der Donau oder bei Betriebsstörungen im Verlauf der Kanalstrecke muß die Wasserförderung eingestellt werden. Dann fließt das zusätzliche Wasser für Nordbayern aus dem Brombachspeicher-System. Dabei wird das entbehrliche Wasser der oberen Altmühl, besonders das Hochwasser, in einem Ausgleichsbecken zwischen Ornbau und Gunzenhausen – dem Altmühlsee – aufgefangen und zum Teil gespeichert. Im „Altmühlüberleiter" wird das Wasser der Brombach-Talsperre zugeführt. Aus diesem Brombachsee kann bei Bedarf Zusatzwasser über die Schwäbische Rezat an Rednitz, Regnitz und Main abgegeben werden. Als Nebenwirkung wird das Tal der mittleren Altmühl weitgehend vor den schädlichen Sommerhochwassern geschützt. Das Ausgleichsbecken im Oberlauf ermöglicht es zudem, die Altmühl bei Niedrigwasser aufzubessern.

In dem flachen weiten Tal der Altmühl bei Gunzenhausen war der Bau eines herkömmlichen Stausees nicht möglich. Daher wurde der vier Kilometer lange und bis 1,7 Kilometer breite Altmühlsee ringförmig von einem 12,5 Kilometer langen Damm umschlossen und die Beckensohle ausgehoben. Die Wassertiefe beträgt normalerweise zwei Meter, im Höchstfall 3,2 Meter. Im nördlichen Bereich des Alt-

Fränkisches Seenland aus der Luft

mühlsees entstand eine 125 Hektar große Flachwasser- und Inselzone als Lebensraum für seltene Vogelarten; sie ist auch eine wichtige Raststation für Zugvögel. Der Altmühlsee ist mit 4,5 Quadratkilometern Wasserfläche größer als der Schliersee.

Der künstlich geschaffene Altmühlüberleiter verbindet den Altmühlsee mit dem neun Kilometer entfernten Brombachsee im Osten. Der Unterschied in der Wasserspiegelhöhe zwischen den beiden Speichern beträgt 4,5 Meter. Die europäische Hauptwasserscheide, die hier das Altmühltal vom Brombachtal trennt, wird mit einem 2,7 Kilometer langen Stollen unterfahren, dem sich beiderseits offene Gewässerstrecken anschließen. Pro Jahr können so etwa 25 Millionen Kubikmeter Wasser aus dem Brombachsee über Schwäbische Rezat und Rednitz in das Regnitz-Main-Gebiet abgegeben werden. Dadurch schwankt der Wasserspiegel des Großen Brombachsees bis zu sieben Meter. In den „Vorsperren" Kleiner Brombachsee und Igelsbachsee bleibt der Wasserspiegel dagegen weitgehend konstant. Die gesamte Brombachtalsperre ist mit einer Wasserfläche von 12,7 Quadratkilometern größer als der Tegernsee.

Während Altmühlsee, Igelsbachsee, Kleiner Brombachsee und Rothsee-Vorsperre schon seit Jahren Urlauber, Ausflügler und Freizeit-Wassersportler in hellen Scharen anlocken, wurde mit dem Einstau des Großen Brombachsees und der Rothsee-Hauptsperre erst 1993 begonnen. König Karl mag 793 Tausende von Menschen zu harter Fronarbeit am Kanalbau im südlichen Franken versammelt haben. Heute kommen an einem schönen Sommerwochenende in der gleichen Gegend Tausende zu Spaß und Sport an die Fränkischen Seen.

„Der Tag im Graben"

Der Karlsgraben war im Lauf der Jahrhunderte immer wieder Objekt nicht nur der Forscher und der historischen Spekulanten, sondern auch der Zeichner, Maler und Schriftsteller. Einige Kostprobe der darstellenden Kunst sind in diesem Bändchen wiedergegeben.

Am Schluß soll ein besonders schönes literarisches Beispiel aus dem vergangenen Jahrhundert stehen: Karl Stöbers Erzählung „Der Tag im Graben". Karl Stöber (1796–1865) war Dekan in Pappenheim. Der Erzähler aus dem Altmühltal, wie er auch genannt wird, hatte großen schriftstellerischen Erfolg. Seine Sammelbände erschienen in Dresden und Stuttgart, bei Reclam und Bertelsmann, seine Geschichten standen in Jugendzeitschriften und Lesebüchern. Kein Geringerer als Ludwig Richter illustrierte ihn gelegentlich.

Die Geschichte findet sich in der Gesamtausgabe der Erzählungen K. Stöbers, Verlag Justus Naumann, 4. Aufl., Leipzig 1876, Bd. 1, S. 229 ff. Sie ist zuerst veröffentlicht in den „Jugendblättern" im 4. und 5. Band in Fortsetzungen (Mai bis August 1838). „Der Tag im Graben" ist eine Sammelerzählung mit verschiedenen einzelnen Geschichten, die dort eingebaut sind wie die „Puppen in der Puppe".

Bezeichnenderweise taucht in Stöbers Erzählung die sagenhafte Überlieferung von der Zerstörung des heidnischen Heiligtums von Emetzheim auf wie auch vom Aussichtspunkt des Königs Karl auf hohem Berg — allerdings bestand das Kloster auf der Wülzburg damals noch nicht.

„Der erste Lehrer an der lateinischen Schule in Pappenheim, der Rektor und Pfarradjunkt Wunnibald Wolle, fertigte im Jahre 1736 über sein jährliches Diensteinkommen ein specifizirtes Verzeichnis und hinterließ es unter seinen Papieren. Darin sind neben andren Erträgnissen auch vier Aderlässe mit einem Ertrag von acht Gulden rheinl. angesetzt. Denn die Schulmänner der damaligen Zeit mußten ihr Brod nicht allein im Schweiße ihres Angesichts, sondern auch mit viermaliger Vergießung ihres Bluts im Jahre erwerben. Wenn nämlich nach der zuletzt vorgenommenen Aderlässe wieder drei Monate verflossen waren, pflegte der Lehrer seinen Schülern mit wohlbetonten und bedeutsamen Worten zu eröffnen, daß er am folgenden Tage eine Luftlässe vorzunehmen gedächte, daß hieß, daß er am nächsten Tage zur Ader lassen, am zweiten von seinen Scholaren Präsente annehmen und am dritten mit ihnen einen Spaziergang machen werde, — eine Eröffnung, die von Seite der Angeredeten immer mit beifälligen Murmeln und viel Nicken des Kopfes hingenommen wurde. Nach ihrer Ansicht von der Sache hätte ja ihr Vorgesetzter die Blutmasse eines Wallfisches haben dürfen. Denn erstens erhielten sie dadurch einen ganzen Spieltag, zweitens hatten nicht sie, sondern ihre Eltern die Präsente zu bestreiten, durften aber die Nüsse und getrockneten Früchte, welche der Lehrer dagegen reichte, genießen, und drittens kamen sie dabei immer aus ihrem engen Thale heraus und wenigstens auf die Berghöhen, von denen man in die weite Welt hinaus und hineinschauen kann.

Diesen dritten Tag benützte einmal Rektor Wolle zu einem Ausfluge nach dem Dorfe Graben, zwei Stunden nordwestlich von Pappenheim. Nach dem Plane aber, der für die Expedition entworfen worden war, sollte der ganze Tag vom Morgen bis zum Abend unter freiem Himmel hingebracht und die Wirthshäuser vermieden werden. Deswegen waren auch die ausziehenden Lateiner, wie zu ihrer Zeit die römischen Kriegsknechte, mit allem versehen, was noch zum Leben unentbehrlich ist, wenn die Natur von ihrer Seite einen schattigen Baum, eine Quelle, dürres Holz und einen Platz zum Feuer gegeben hat. Der Famulus des Rektors trug in einer Art Köcher auf dem Rücken zwei kölnische Pfeifen und vorn im Knopfloch eine Schweinsblase mit Tabak; das Feuerzeug war in seinen Hosentaschen vertheilt. Sein Bruder war mit einem kupfernen Kessel befrachtet; den Dreifuß dazu trug er an einem Bindfaden und entlockte ihm mit dem Schaumlöffel von Zeit zu Zeit ermunternde Töne. Zu ihm gehörte Numero 3 mit der erforderlichen Quantität Rindfleisch, das seine Mutter, die Hofmetzgerin, in Kohlblätter geschlagen und in eine Serviette gebunden hatte. Der Pudel des Rektors wich nicht von seiner Seite. Dem vierten waren die Semmeln und Milchbrode anvertraut, jedoch in einem Säcklein, das der Rektor mit einem gordischen Knoten versehen hatte, um den Träger nicht in Versuchung zu führen. Der fünfte schien Eier zu tragen, so vorsichtig wandelte er, aber sein Armkorb enthielt ein vollständiges Kaffeezeug, das ihm seine Großmutter auf das Gewissen gebunden hatte. Den kegelförmigen Kaffeeseiher benützte der Träger hin und wieder zu Duetten, die er gemeinschaftlich mit Numero 2 improvisirte. Und so hatte, wie gesagt, jeder der ausziehenden Lateiner seinen bescheidenen Theil. Nur einem unter ihnen hatte man nichts anvertraut, als

Falkensteins Eichstädter Chronik, aus der dazwischen vorgelesen werden sollte. Denn er schien für nichts anderes auf der Welt zu sein, als für ein Buch.

Dies war Friedrich Seyfried, von seinen Kommilitonen das Schweppermännlein genannt und als Knabe von vierzehn Jahren noch ein Räthsel der göttlichen Vorsehung. Seines Vaters konnte er sich nicht mehr erinnern, seine Mutter war kurz darauf gestorben, nachdem sie mit ihm das erste Mal zu Gottes Tisch gegangen war. Nun lebte er provisorisch bei dem Rektor, bis er bei einem seiner nicht sehr nahen Verwandten eine Unterkunft finden würde. Bisher waren aber die Proben, auf die er von ihnen genommen wurden, immer schlecht ausgefallen. Zuerst versuchte es der Apotheker, seiner Mutter Stiefbruder, mit ihm, und es ging einige Wochen leidlich. Als aber der zerstreute Seyfried der Köchin zu der gebratenen Gans statt Beifuß bitteren Wermuth gegeben hatte und dadurch der Martinibraten sammt dem abgeschöpften Fett ungenießbar geworden war, schickte ihn der Apotheker dem Rektor mit einer höflichen Empfehlung wieder zurück und ließ ihm sagen, er könne sich von einem so ungeschickten Menschen sein Leben unmöglich verbittern lassen. Bei dem Krämer und Lebküchner, seines Vaters Schwager, der es nachher mit ihm versuchte, währte es nicht so lange. Das Schweppermännlein schüttete in eine Masse, woraus Basler Lebkuchen gemachten werden sollten, statt des gestoßenen Zuckers eine Schüssel mit Salz, die daneben stand. Sein jähzorniger Meister gab ihm mit zwei Ohrfeigen förmlichen Abschied, und ließ dem Rektor sagen, er wolle sich von einem solchen dummen Menschen sein Leben nicht länger versalzen lassen. Nicht besser ging es zuletzt bei dem Metzger, seinem Taufpathen. Als dieser seinen Pfingstochsen geschlachtet und die große Gallenblase desselben vorsichtig herausgenommen hatte, gab er sie dem Seyfried, um sie für den Färber an den dazu bestimmten Nagel zu hängen. Aber der Weg dahin führte unglücklicher Weise an dem vollen Wurstkessel vorüber, und der Junge warf sie in seiner Zerstreuung hinein, wie eine Viertelstunde vorher die verschiedenen Würste. Alle Kunden, die einige Stunden darauf davon kauften, schrieen beim Abendessen, wie die Prophetenjünger bei dem Coloquintengemüse, und kamen des andren Tages mit eben so vielen bitteren Klagen, als angeschnittenen Würsten, die sie nicht hatten verzehren können. Eine darüber angestellte Untersuchung brachte die Sache bald ins klare, und der Metzger schickte den armen Jungen mit der Bemerkung zurück, er wolle sich und seinen Kunden von ihm nicht länger das Leben vergällen lassen.

Nun ging auch dem guten Rektor die Geduld aus. „Friedrich," sagte er, „was soll das werden? Ich füttere dich gerne, das weiß der Herr; aber es ist nun hohe Zeit, daß du lernst, einmal dein eigenes Brod zu verdienen, und zum studiren hast du keinen Heller." „O Herr Rektor," antwortete der arme Waisenknabe, „ich hätte gewiß den besten Willen; aber ich kann nicht, ich kann nicht, das weiß der am besten, der mich erschaffen hat. Mein Kopf, meine Hand taugen zu keiner Profession. Sollte ich bei dem Apotheker Kräuter aus der Materialkammer holen, so kam mir 'Beatus ille, qui procul' in den Kopf und ich brachte das Verkehrte. Faßte ich bei dem Metzger eine Wurst nur an einem Zipfel, so ließ ich sie fallen, und nahm ich sie vorsichtig an beiden Enden, so lachten die Leute in der Fleischkammer und fragten, ob ich denn fürchte, daß sie abrisse." Auch Rektor Wolle lachte bei diesem aufrichtigen und kindlichen Bekenntnis seines Pflegesohnes. Diesem aber schnitt das Lachen seines Wohltäters tief in das Herz, und er klagte unter heißen Thränen: „Ich weiß nicht, was der Herr mit mir armen Knaben will. Es ist, als brennete mich alles in die Finger, was ich außer einem Buche in die Hand nehme. Und doch soll ich den Büchern auf immer entsagen. Meine Seele dürstet nach den Quellen darin. Ich fühle es, wie der Schnitter seinen Durst in der Ernte. Und doch soll ich diesen Quellen auf immer abschwören. O, Herr Rektor, Sie sind vielleicht der einzige Mensch in Pappenheim, der mich versteht. Verstoßen Sie mich nicht, sagen Sie mir, an wen ich mich wenden soll."

Der Schulmann kehrte seinem Pflegesohn den Rücken zu und sagte, mit feuchten Augen auf die nahe Altmühl hinunterschauend: „Friederice, ich meine, man hat bisher über den Büchern den rechten Mann vergessen, nämlich den Herrn, das heißt, ich meine, man hat bisher zu viel studiert und zu wenig gebetet. Wie man da und dort an die Thüren der Verwandten geklopft hat, so gebe man auch dem Vater im Himmel die Ehre und klopfe hinfort an seine Thüre. Er will's nicht umsonst gesagt haben sein gnadenvolles Wort: 'Rufe mich an in der Noth, so will ich dich erretten und du sollst mich preisen.' Der allein, und sonst keiner, hat für jeden Samuel einen Tempel, für jeden David eine Harfe und für jeden Sohn Saphats einen Prophetenmantel. Der dir diesen Durst anerschaffen hat, wird dir auch den Wasserbrunnen mitten in der Wüste zeigen. Aber: Er läßt durch Sorg und Grämen und selbtgemachte Pein sich keine Wohlthat nehmen, sie muß erbeten sein." Und Fritz ließ sich dieß von seinem Pflegevater nicht zweimal sagen. Er ging in seine Zelle, die ihm in dem alten Kloster eingeräumt war, schloß die Thüre hinter sich zu,

Der Wallverlauf östlich der Bahnlinie Nürnberg-München

und trug dem Herrn sein Anliegen unter vielen Thränen vor. Auch als der Tag graute, der zum großen Spaziergang bestimmt worden war, hatte er besonders dringend an die Gnadenthüre geklopft. Dann erst begab er sich zu seinen Mitschülern, die sich in dem Klosterhof versammelten, und mit denen nun der freundliche Leser über Berg und Thal nach dem Dorfe Graben zu ziehen beliebe.

Diese Ortschaft hat ihren Namen von dem Canal, womit bekanntlich Karl der Große die beiden größesten Wasserstraßen seines Reiches, den Rhein und die Donau verbinden und so das Leben des Großhandels in das Herz seiner Frankenländer versetzen wollte. – Von diesem weltgeschichtlichen Versuche ist noch ein Graben übrig, dessen offene Enden genau nach Süden und Norden zu liegen, und dessen zum Theil dreißig Schuh hohe Wände ihre Flanken nach dem Auf- und Niedergang kehren. In demselben ist ein Fischteich, der von großen in die Breite gewachsenen Föhren überschattet und von der jungen schwäbischen Rezat gespeist wird, nachdem sie eine halbe Stunde davon oberhalb des Dorfes Dettenheim ihre unterirdische Behausung verlassen hat. – Größtentheils von den Gänsejungen, die an ihr ihre hydraulischen Gaben und Fertigkeiten üben, hängt es ab, ob sie ihr Wasser durch den Teich und sofort durch die Altmühl und Donau in das schwarze Meer, oder über das Ried, durch die Regnitz, den Main und den Rhein in die Nordsee abgeben kann. So unbestimmt sind dort die Grenzen zwischen den beiden Stromgebieten der Donau und des Rheins. Die Wände des Grabens sind gegen Süden am höchsten und verlieren sich gegen Mitternacht in dem Ried. Nirgend bemerkt man eine Spur, daß sie durch Pfähle oder unterlegte Steine wären geschützt und gesichert gewesen, und man wundert sich billig, daß der Sand, woraus sie größtentheils bestehen, nun über tausend Jahre so fest auf einander liegen geblieben ist.

Zwischen zwei Föhren, die einander die Arme bieten, richteten sich die Lateiner aus Pappenheim ein. Es dauerte nicht lange, so stand der Kessel über einem lustigen Feuer, und in ihm ein mächtiges Stück Rindfleisch, so schön und appetitlich, als es Hogarth auf einem seiner bekanntesten Blätter gezeichnet hat. „Du," sagte der sehr vergnügte Rektor zu einem seiner Scholaren, „sorgst für das Abschäumen der Fleischbrühe. Und du," setzte er mit einem Blick auf seinen Fritz hinzu, „du wachst darüber, daß kein Karpfen aus dem Teich in den Kessel springt." „Ja, wie Sie befehlen," erwiderte der Angeredete, der, wie gewöhnlich, in philologischen oder historischen Regionen abwesend war, und seine Mitschüler sammt dem

Der Wallverlauf östlich der Bahnlinie Nürnberg-München

Vorgesetzten lachten im Chor. Bald darauf kam eine abgegangene Deputation mit dem Schullehrer des Dorfes in ihrer Mitte zurück. Es waren nämlich von dem Rektor drei Lateiner abgeschickt worden, diesen vornehmsten Mann im Dorfe zum Mittagessen einzuladen und dessen Ehehälfte um einige Teller für dieses Mahl anzugehen. Die Redensarten, womit die beiden Schulmänner einander beehrten, der deutsche zuvorkommend und der lateinische in schuldiger Erwiderung, waren selbst für jene Zeit ausgesucht. Sie wären gewiß auch mit dem geziemenden Vorwärts- und Rückwärtsschreiten verbunden gewesen, wenn die besagten nicht zwei ungünstige Elemente in so gefährlicher Nähe hinter sich gehabt hätten, der Rektor das Feuer und der Präceptor das tiefe Wasser des Teichs. Das Mahl, welches unter der Aufsicht der Regenten und nach wohlberathener und gutbemessener Dosis der Zuthaten an Salz, Gewürzen und Wurzelwerk zu Stande kam, und in Semmelsuppe und Rindfleisch bestand, verdiente den eifrigen Zuspruch der Lateiner. Nur der Senf fehlte. Das Schweppermännlein hatte ihm zu Hause stehen lassen, und statt desselben die Pomadenbüchse seines Pflegevaters mitgenommen.

Den meisten Stoff zu dem Tischgespräche lieferte natürlich der Graben, die Fossa Carolina, in welchem man speiste. Unter anderm äußerte sich der Schulmeister über seine wahrscheinliche Entstehung folgendermaßen: „Carolus Magnus, im Jahre 793, da der Herr ihm Ruhe gegeben hatte von allen seinen Feinden umher, begab er sich nach Eichstädt an der Altmühl, allwo Winfried oder Bonifacius, der Apostel der Deutschen, ein Bisthum für die Pfalz errichtet hatte. Denn der König der Franken und Schirmvogt der Kirche wollte nicht allein das Gute anordnen, sondern auch mit selbsteigenen Augen sehen, ob und wie man seinen Anordnungen nachlebe. Ein General-Superintendent mit dem Schwert an der Seite, wie ihn seine Zeit brauchte, zog er umher und visitirte die durch Christi Gnade seinem Regiment übergebenen Bisthümer und Klöster, welche nächst der Regel eines ordentlichen Wandels und Beschauen der heiligen Religion auch auf Erforschen der Wissenschaft eifrigen Unterricht wenden sollten, nach eines jeden Fähigkeiten bei denen, die durch göttliche Gnade dazu erwählt seien. Die Auerochsen, Elennthiere und Bären, von denen die großen Forste an der Altmühl wimmelten, lockten den gewaltigen Jäger fast alle Tage aus den Hallen und Zellen des bischöflichen Münsters hinaus in die Urwälder. Also der Jagdlust nachgehend, gelangte der Frankenkönig auch in das Klösterlein, so nach dem heiligen Willibald genannt wurde und auf ebendemselben Platze stand, welchen anjetzo die markgräflich Onolzbachische Festung Wilzburg einnimmt."

„Nachdem er eines Tages in dem Kloster sein Lieblingsgericht, den Wildbraten, den seine Jäger an Spießen auftrugen, gespeist und darauf ein wenig der Mittagsruhe gepflogen hatte, ging er mit dem Prior hinaus vor den Haag, womit das heilige Gebäude zu mehrerer Sicherheit umgeben war, und ergötzte sich an dem schönen Prospekt. Sein scharfes Auge erreichte nicht nur gen Mittag den Hahnenkamp und den Hesselberg gen Abend, sondern auch nordwärts die letzten Berge vor Forchheim, so zu den Orten gehörte, durch welche er dem deutschen Handel von Bardewick aus über Marburg und Erfurt einen Weg nach Regensburg machen wollte. Zu jener Zeit aber waren die Wasseradern der Umgegend noch weit voller, als in unseren Tagen, wo die Müller klagen gehen, wenn eine Gans nach Durst aus ihrem Mühlbache trinkt. Die alten Ufer an den beiden Seiten des Rieds, das zwischen hier und Weißenburg liegt, beweisen, um wie viel breiter einst die schwäbische Rezat gewesen ist, als zur Zeit. Die Altmühl hatte dazumalen unter sich und in ihrem Rinnsaal alle Wiesen, welche nun flach neben ihr liegen. Blos die ganz niederen Wurzeln des Nagel- und Trommetsheimer Bergs schieden die beiden Flußgebiete. Kein Wunder also, daß es dem Frankenkönig, der von dem hohen Berg darauf hinunterschaute, als etwas sehr leichtes erschien, sie zu vereinigen. Der fromme Prior bestärkte den König in seiner Meinung. Zwar lag ihm nichts daran, daß Handel und Wandel befördert würde; aber dem Kloster gegenüber, auf einer mäßigen Anhöhe, mitten in den Sümpfen zwischen der Altmühl und Rezat, auf dem Fleck, wo jetzt das Wirthshaus von Emezheim steht, stand noch ein heidnischer Tempel. Er hatte zwar nimmer seine eigenen Priester, es wurde darin auch kein förmliches Opfer mehr dargebracht, doch trieb man in demselben viel ärgerlichen und bedauerlichen Aberglauben. Auf diesen Dorn in seinem Auge wollte der Prior des Königs Aufmerksamkeit lenken, wohl wissend, daß da, wo der Schirmvogt der Kirche waltet, ein Götzenhaus die längste Zeit gestanden habe."

„Bei Karl dem Großen lag aber zwischen dem Beschließen und Beginnen eines Dings gewöhnlich nicht mehr Zeit, als zwischen dem Blitzen und Donnern. Deswegen erkieste er sogleich das Willibaldsklösterlein vorläufig auf einen Monat zum Hauptquartier, weil es für die Jagd, wie für die Beaufsichtigung des beschlossenen Wasserbaues gleich gut gelegen war, sodann ließ er die Leute auf zwei

Illustration zu „Der Tag im Graben" von L. Richter (um 1870)

und drei Stunden im Umkreise zu Frohndiensten entbieten und das Werk flugs beginnen. Anfänglich ging alles gut von Statten. Die Fröhner folgten ohne Widerrede dem Aufgebot. Etliche hatten den großen Frankenkönig noch nie gesehen, und ergriffen nun mit Freuden die Gelegenheit, ihn von Angesicht zu Angesicht zu sehen; andere fürchteten sich vor seiner schweren Hand und vor seinem scharfen Schwerte; wieder andere hatten schon unter seinem Banner gefochten und wollten wieder einmal vor sein Angesicht kommen. Die Witterung war die beste, und der Boden, Thon und aufgeschwemmter Sand, leicht zu bearbeiten. In drei Wochen war das Werk so weit gediehen, wie wir es noch vor uns liegen sehen."

„In der Freude hierüber hatte der König den Dorn im Auge des frommen Priors, d.h. den Heidentempel vergessen. Als aber Karl eines Tages an ihm vorüber zurück nach dem Kloster ritt, fiel ein Sonnenblick durch die Abendwolken auf das Götzenhaus und mahnte ihn an sein Versprechen, den Greuel wegzuschaffen. Er rechnete es sich zur Sünde, über dem Weltlichen das Heilige so lange vergessen zu haben, und ließ am anderen Tage, statt an dem Graben fortzuarbeiten, von den Fröhnern das Aergerniß der frommen Mönche bis auf die Grundmauern abbrechen. Als er Abends in das Kloster zurückkehrte, ließ er auf dem Platze nichts zurück, als umhergeworfene Quadersteine, die in der Folge theils in dem Sumpf am Fuß des Hügels versanken, und theils später bei Erbauung des Dorfs und seiner Kirche zu Grund- und Ecksteinen gebraucht wurden. Den Bewohnern der Umgegend hatte aber der König durch die Zerstörung des Götzenhauses in das Herz gegriffen. Die meisten von ihnen waren weiter nichts, als getaufte, aber ganz ununterrichtete Heiden, und wurden von der plötzlichen Vernichtung ihres Heiligthums so betroffen, wie die Leute, welche zu Joas sprachen: Gieb deinen Sohn heraus, er muß sterben, darum, daß er den Altar Baals zerbrochen und den Hain dabei abgehauen hat. — Um sich dafür zu rächen, machten sie unter einander aus, nicht mehr an dem Graben zu arbeiten. Schon am andren Morgen kam ein Bote in das Willibaldskloster hinauf und meldete dem König: die Vögte stehen allein am Graben, und die Fröhner sind mitten in der Nacht verschwunden, wie die Störche im Herbste. Dem König stand aber gerade keine Schaar zu Gebote, die Ungehorsamen aus ihren Schluchten, Wäldern und Brüchen zusammen zu treiben, und ehe er andere Zwangsmaßregeln ergreifen konnte, mußte er wiederum gegen die abtrünnigen Sachsen ziehen. Dies meine Herren," sagte der Präceptor zuletzt in seiner Bescheidenheit, „sind meine unmaßgeblichen Ansichten von der Entstehung dieses

Grabens. Andere Alterthumsforscher wollen wissen, der Frankenkönig habe wegen des beständigen Regenwetters und des sumpfigen Bodens sein Vorhaben aufgeben müssen. Wundern muß man sich aber mit Recht, daß nach dem Abzuge des Frankenkönigs die heimlichen Heiden nicht das Wiedervergeltungsrecht übten, und an dem Graben thaten, was er mit ihrem Heiligthum gethan hatte. Wahrscheinlich wollten sie aber den mächtigen König nicht zu sehr reizen und hielten die Ausführung des Werks nicht für aufgehoben, sondern nur für aufgeschoben. Hätten sie aber Rache geübt, so würden sie es bei der Nacht gethan haben, und wären dann die feindlichen Kobolde gewesen, welche im Mondschein wieder einschaufeln, was im Sonnenlicht aufgeworfen worden ist."

Als der Schulmeister mit seinen Muthmaßungen endete, hatte er nur noch zwei Auditoren, den Rektor und seinen Pflegesohn, der dem Privatdocenten jedes Wort vom Munde nahm. Die übrigen Lateiner hatten sich indeß zerstreut, um das zur Bereitung des Kaffee's erforderliche Holz zu holen. Mit ihnen kamen ein Herr und eine Frau. Der Hut des Herrn war mit einem breiten Flor umwunden. Die Fremden sahen aus wie vornehme Leute, welche etwa ein geliebtes Kind durch den Tod verloren und ein Reise unternommen hatten, um einige Zeit aus den Umgebungen herauszukommen, wodurch sie jeden Augenblick an ihren Verlust erinnert werden mußten. Der Rektor, der dieses wenigstens voraussetzte, kam ihnen auf das freundlichste entgegen, und lud sie ein, in seiner wandernden Schule ein Stündlein zuzubringen, und mit einer Tasse Kaffee vorlieb zu nehmen, wie er aus einer lateinischen Küche kommen könne. Die Einladung wurde von den Fremden als eine willkommene dankbar angenommen."

Nach der Einfügung einer schaurigen Spukgeschichte am Limes „Das Haus am Pfahlrain" bringt Stöber die Rahmenhandlung zu einem Happy End, wie man heute sagen würde. Das fremde Ehepaar nimmt den Seyfried an Sohnes Statt an und mit nach Nürnberg.

ANMERKUNGEN: „Beatus ille, qui procul" (negotiis): Glücklich, wer fern den Geschäften (Horaz, Epoden)
Hogarth, Williams: englischer Zeichner, Kupferstecher und Maler (1697–1764), der die zeitgenössische Gesellschaft karikierte.

Der Karlsgraben, Stahlstich von Poppel nach Lebschée, 1846

Literatur und Quellen

Andreossy und M. Dessoles, Entwurf für einen Kanal in: Moniteur 1801, Auszug in Hesperus 1827

Beck, Dr. Friedrich, Die Fossa Carolina, eine historische, topographische und kritische Abhandlung, München 1911

Brüschwien, Dr. Heinrich, Der Gedanke einer Rhein-, Main-, Donau-Verbindung in seiner geschichtlichen Entwicklung, Regensburg 1928

Buchner, Johann Andreas, Reise auf der Teufelsmauer, Regensburg 1821

Celtis, Conrad, Quatuor libri amorum, Nürnberg 1502

Dettenheimer Pfarrbuch (Weißer) 1864

Döderlein, Johann Andreas, Programma de Fossa Carolina, Weißenburg 1705

Eigler, Dr. Fritz, Weißenburgs überregionale Bedeutung zur Zeit Karls des Großen, in: villa nostra IV, Weißenburg 1975

Ellmers, Dr. D., Die Verkehrssituation zwischen Obermain und Altmühl in der Zeit Karls des Großen, in: bau intern, Sondernummer, München 1993

Fries, Lorenz, Geschichte der Bischöfe von Würzburg, Frankfurt 1713

Gemeiner, Carl Theodor, Regensburger Chronik, Regensburg 1800

Goldmann, Dr. Klaus, Das Altmühldamm-Projekt: Die Fossa Carolina, in: Acta Praehistorica et Archaeologica 16/17, Berlin 1985

Gumpelzhaimer, Christian Gottlieb, Regensburgs Geschichte, Sagen und Merkwürdigkeiten, Regensburg, 1830 bis 1838

Haas, Georg Zacharias, De Danubii et Rheni coniunctione, Regensburg 1726

Hofmann, Hanns Hubert, Kaiser Karls Kanalbau, Sigmaringen 1969

Koch, Dr. Robert und Gerhard Leininger, Der Karlsgraben – Ergebnisse neuer Erkundungen, in: bau intern, Sondernummer, München 1993

König, Walter, Die Geologie Altmühlfrankens, Treuchtlingen 1991

Lehnert, Dr. Walter, 1200 Jahre Kanalbau in Franken, Rundfunk-Manuskript, Nürnberg 1982

Lottes, Gerd (Hrsg.), Das Altmühltal und die Rhein-Main-Donau-Wasserstraße, Hamburg 1989

Marx, Alexander, Pittoreske Ansichten des Ludwig-Donau-Main-Kanals, Nürnberg 1845

Meyer, Rolf K. F. u. Hermann Schmidt-Kaler, Wanderungen in die Erdgeschichte, Treuchtlingen – Solnhofen – Mörnsheim – Dollnstein, München 1990

Münster, Sebastian, Cosmographia universalis, Basel 1544

Patzelt, Edwin, Der Karlsgraben, Treuchtlingen 1982

Pecher, W. D., Der Karlsgraben — Wer hat ihn wirklich gebaut?, Treuchtlingen 1993

Pfeiffer, Elisabeth, Die alten Längen- und Flächenmaße — ihr Ursprung, geometrische Darstellung und arithmetische Werte, St. Katharinen 1986

Pirckheimer, Willibald, Germaniae ex variis scriptoribus brevis explicatio, Nürnberg 1530

Redenbacher, Christian, Die Fossa Carolina, Pappenheim 1844

Röder, J., Sed in cassum — Für die Katz'! in: Kölner Römer-Illustrierte 2, Köln 1975

Schnabel, Lothar u. Walter E. Keller, Vom Main zur Donau, 1200 Jahre Kanalbau in Bayern, Bamberg 1985^2

Schwarz, Klaus, Der Karlsgraben, in: Führer zu bayerischen Vorgeschichtsexkursionen 1, Kallmünz 1962

Thurmair, Johannes (Aventin), Annalium Boicarum Libri VII, Frankfurt 1566

Seyler, Emanuel, Die Mönchsfabel von der Fossa Carolina, Nürnberg 1907

Spindler, Karl (Bearb.), Landkreis Weißenburg-Gunzenhausen, Denkmäler und Fundstätten, Führer zu archäologischen Denkmälern in Deutschland Bd. 15, Stuttgart 1987

Stöber, Karl, Der Tag im Graben, Gesamtausgabe der Erzählungen, Leipzig 1876^4

Stöber, Karl, Erzählungen aus dem Altmühlthale, Treuchtlingen 1991

Zeitler, Walther, Durch Bayern nach Europa, Regensburg 1992

Der Karlsgraben in der Kunst: Lithographie von Heinrich W. Mangold (um 1970)

VERLAG wek
Walter E. Keller
Treuchtlingen

Unsere Taschenbuchführer aus der Gelben Reihe:
Wandern an der Altmühl, Lehrpfad-Wanderungen, Bootwandern auf der Altmühl, Radwandern an der Altmühl, (Rad-)Wandern am Kanal, Die Römer am Limes, Die Römer an der Donau, Naturpark Altmühltal für Naturfreunde, Der Karlsgraben, Naturpark Altmühltal, Ferienlandschaft Hahnenkamm; Römische Therme Weißenburg, Kastell Weißenburg, Archäologische Wanderungen, Kirchen in Altmühlfranken, Die Geologie Altmühlfrankens, Der Rennsteig, Das Ries, Die Kelten in Bayern

Unsere Taschenbücher aus der Weißen Reihe:
Erzählungen aus dem Altmühlthale, Fränkische LiteraTouren, Rennsteig-MiniaTouren, Du Nachbar Gott

die Bilderbücher für groß und klein:
Fossi — der kleine grüne Saurier im Naturpark Altmühltal, Witzlige Geschichten, Pacharo

... und unsere großen Titel:
Die Altmühl, Altmühltaler Geschichten, Naturpark Altmühltal, Schönes Weißenburg, Der Karlsgraben und das Treuchtlinger Land, An der Mühlstraße, Eine Wallfahrt nach Maria Brünnlein, Treppen zwischen Tauber, Rezat und Altmühl, Der Hahnenkamm in Franken, Im Dorf daheim, Fränkisches Seenland, Die Erde dürstet, Herr, nach dir, ...Doch flieg ich wie ein Vogel